O PODER **LATENTE** DA ALMA

O PODER **LATENTE** DA ALMA

WATCHMAN NEE

Tradução: Délcio Meireles, Neyd Siqueira
Revisão: Francisco Nunes, Alessandra Schmitt Mendes, Paulo Oliveira
Capa: Audrey Novac Ribeiro
Diagramação: Rita Motta
Editor: Gerson Lima

Dados Internacionais de Catalogação na Publicação (CIP)

NEE, Watchman
O poder latente da alma / Watchman Nee;
Tradução: Délcio Meireles, Neyd Siqueira
Curitiba/PR, Publicações Pão Diário e São Paulo/SP, Editora dos Clássicos.
Título original: *The latent power of the soul*

1. Alma 2. Espírito Santo 3. Batalha espiritual

Publicações Pão Diário
Caixa Postal 9740,
82620-981 Curitiba/PR, Brasil
publicacoes@paodiario.org
www.publicacoespaodiario.com.br
Telefone: (41) 3257-4028

Editora dos Clássicos
www.editoradosclassicos.com.br
contato@editoradosclassicos.com.br
Telefones: (19) 3217-7089
(19) 3389-1368

Código: YP706
ISBN: 978-1-68043-685-3

1.ª edição: 2019
4.ª impressão: 2025

Impresso na China

Sumário

Os textos das referências bíblicas foram extraídos da versão Almeida Revista e Atualizada, 2ª edição (Sociedade Bíblica do Brasil), salvo quando houver outra indicação:
BJ: Bíblia de Jerusalém;
RC: Versão Revista e Corrigida de Almeida;
IBB: Versão Revista da Imprensa Bíblica Brasileira;
lit.: tradução literal;
gr.: grego;
hh.: hebraico.

Quando não houver outra indicação, as notas de rodapé e os acréscimos entre colchetes são da edição brasileira.

Prefácio à Série Alimento Sólido

O amadurecimento da Igreja tem um lugar especial no coração do Senhor Jesus e em Sua Palavra. Ele mesmo declarou ter vindo para nos trazer vida e vida em abundância (Jo 10.10), e a Bíblia registra que "Cristo amou a [Sua] igreja e a si mesmo se entregou por ela, para que a santificasse, tendo-a purificado por meio da lavagem de água pela palavra, para a apresentar a si mesmo igreja gloriosa, sem mácula, nem ruga, nem coisa semelhante, porém santa e sem defeito" (Ef 5.25-27). No momento em que cremos N'Ele, recebemos Sua vida; só então o Espírito Santo inicia Seu trabalho de manifestar a abundância dessa vida em nós e por meio de nós. Em relação a isso, o autor da Epístola aos Hebreus escreveu sobre os dois tipos de alimento dos filhos de Deus: o leite e o alimento sólido (5.12). O leite é o alimento adequado para os bebês em Cristo (v. 13); o alimento sólido é para os maduros (v. 14). O tipo de alimento que recebemos demonstra nosso estágio espiritual, e nosso estágio espiritual determina nosso caráter e conduta.

Os santos da igreja em Corinto foram repreendidos pelo apóstolo pelo fato de permanecerem no estágio de bebês (1 Co 3.1). Não há nada errado com esse estágio, mas permanecer nele por mais tempo do que o necessário, isso, sim, é problema. Aos hebreus foi dito que eles já deveriam ser mestres (5.12) devido ao tempo decorrido desde a sua conversão. Lamentavelmente, devido à negligência deles, eles necessitavam, novamente, de leite, ou seja, dos princípios elementares da doutrina de

Cristo. Por essa razão, o autor da epístola não teve como alimentá-los com alimento sólido (vv. 11-12).

O filho de Deus que permanece criança além do tempo necessário gera sérios problemas para si mesmo e para o testemunho da Igreja. Paulo mostra que as características desse cristão são três: (1) seu alimento é pré-digerido – à semelhança da mãe que recebe alimento sólido e produz o leite para o bebê –, sempre necessitando que alguém cuide dele; (2) ele não tem habilidade na Palavra da justiça (v. 13), ou seja, não sabe responder a questões como estas: "Como ser correto? Como andar retamente diante de Deus? Como ser reto com os irmãos e com os de fora?"; e (3) ele é levado de um lado para outro por todo vento de doutrina (Ef 4.14), isto é, pode ser facilmente desviado da verdade, pois não tem estabilidade e firmeza em sua posição espiritual.

Como o coração de nosso Senhor deve doer ao contemplar grande parte do Seu Corpo, a Igreja, permanecendo no estágio de criança! É como um filho de vinte anos que vive como uma criança de cinco, apesar de todo o empenho dos pais para que ele cresça. Como se sentem seus pais? Como, então, sente-se nosso amado Senhor?

Paulo usou uma figura muito forte quando escreveu aos gálatas dizendo: "Meus filhinhos [bebezinhos], por quem de novo sinto as dores de parto, até que Cristo seja formado em vós" (4.19 - RC). O servo de Deus se sentia como uma mulher que está gerando um filho no seu ventre. Cristo precisava ser formado nos cristãos da Galácia, mas quem sentia as dores de parto era o apóstolo do Senhor. As dores de Paulo eram as dores de Cristo em favor de Sua Igreja. Em outro lugar ele escreveu: "Agora, me regozijo nos meus sofrimentos por vós; e preencho o que resta das aflições de Cristo, na minha carne, a favor do seu Corpo, que é a igreja" (Cl 1.24). Como o Senhor precisa de servos que se disponham a sofrer as dores de parto e a experimentar o que resta das Suas aflições em favor de Seu Corpo, isto é, visando ao amadurecimento da Sua Igreja!

Em vista disso, nosso coração se alegra sobremaneira pela manifestação do encargo dispensado aos responsáveis pela Editora dos Clássicos. Tenho plena consciência de que estas palavras deveriam ter sido escritas por outros irmãos[1], muito mais amadurecidos no Senhor. De qualquer forma, desejo expressar minha gratidão pessoal a Deus por essa nova iniciativa em favor do amadurecimento do Corpo de Cristo. O lançamento dessa primeira obra da Série Alimento Sólido, *O Poder Latente da Alma*, do irmão Watchman Nee, comprova a seriedade e a visão espiritual concedida aos editores. Outras joias preciosas[2] depositadas no Corpo de Cristo ao longo dos anos, totalmente fora do alcance daqueles que não têm domínio da língua inglesa, serão colocadas diante do público leitor cristão desse país, como um banquete real, digno d'Aquele que é "o mais distinguido entre dez mil" (Ct 5.10).

Minha oração é que a vontade do Senhor esteja no controle desse empreendimento espiritual desde o início, que o poder do Seu Espírito conceda a capacidade necessária para sua realização, pois só assim o próprio Senhor receberá toda a glória, honra e louvores. "Àquele que é poderoso para fazer infinitamente mais do que tudo quanto pedimos ou pensamos, conforme o seu poder que opera em nós, a ele seja a glória, na igreja e em Cristo Jesus, por todas as gerações, para todo o sempre. Amém!" (Ef 3.20-21).

Délcio Meireles

Santo Antônio do Monte, MG, outubro de 2000

---

1 **Délcio Meireles**, além de colaborador da Editora dos Clássicos, partilha de nossa visão em relação à necessidade espiritual do povo de Deus. Há muitos anos, num trabalho quase solitário, artesanal, ele tem publicado pequenas preciosidades. Infelizmente, uma pequena quantidade dessas poucas pérolas é conhecida do público brasileiro sedento pelas riquezas de Cristo. Por isso, louvamos ao Senhor pela oportunidade de trabalharmos juntos com este amável servo do Mestre, partilhando de seu desejo de ver o povo de Deus bem alimentado. Por ter sido ele o responsável pela primeira edição de *O Poder Latente da Alma* no Brasil, achamos ser ele a pessoa ideal para falar de nosso encargo comum em relação à presente série. Que o Senhor nos abençoe a todos e tenha toda a glória (*Os editores*).

2 Conheça os outros volumes da Série Alimento Sólido: *As Eras Mais Primitivas da Terra*, de G. H. Pember, *Guerra Contra os Santos*, de Jessie Penn-Lewis e *O Ministério da Palavra de Deus*, de Watchman Nee.

Prefácio à Edição Brasileira

Muito se fala hoje sobre guerra espiritual. Há, no entanto, uma ênfase desequilibrada no assunto, pois nada é dito sobre o poder inato da alma do homem.

Nesta preciosa obra, veremos que uma das grandes estratégias do adversário é levar os homens a liberar o poder latente da alma. Esse é um dos seus mais fortes e eficazes instrumentos para falsificar a obra de Deus, enganar os homens, iludir os cristãos e preparar o mundo para o recebimento do anticristo. O resultado é que não apenas no mundo, mas também entre os filhos de Deus, veem-se muitas manifestações da alma sendo consideradas como obra de Deus. De fato, como alerta o autor, "a situação hoje é perigosa". Por essa razão, esta mensagem é uma poderosa advertência profética sobre os sutis perigos com respeito ao especial relacionamento, nos últimos dias, entre a alma do homem e Satanás.

Ao iniciar a Série Alimento Sólido, a qual visa a atender à necessidade de suprir os santos com alimento espiritual mais profundo, consideramos um grande privilégio publicar esta obra singular. *O Poder Latente da Alma* é um clássico sobre a batalha espiritual dos últimos dias e uma das mais procuradas pelo público cristão brasileiro. Agora, em sua versão revisada e enriquecida com notas de rodapé [3] e apêndices

3 Salvo outra indicação, todas as notas são dos editores desta versão em português. As notas

de A. W. Tozer (*Como Provar os Espíritos*) e D. M. Panton (*Testes para o Sobrenatural*), artigo este acrescido de uma carta de Margaret Barber, é, com certeza, uma indispensável ferramenta para todos aqueles que buscam uma vida séria com Deus.

Uma vez que "o alimento sólido é para os maduros" (Hb 5.14), provavelmente somente aqueles que têm avançado da superfície da vida espiritual para o estágio da vida cristã mais profunda poderão tocar na realidade espiritual dessa mensagem. Diante desse desafio, somos encorajados a ir ao Senhor e humildemente pedir Sua iluminação enquanto meditamos no que o autor nos apresenta.

Com temor e tremor d'Aquele que está no trono,

Os editores
Monte Mor, SP, março de 2012

---

de rodapé, indicadas por algarismos, tratarão de assuntos bíblicos ou de personagens cristãos mencionados pelo autor, enquanto as notas de fim de capítulo, indicadas por letras, tratarão das práticas, religiões, ensinamentos e personagens não cristãos. Quando nenhuma fonte específica for citada, as notas são resultado de pesquisa em fontes diversas; as demais são identificadas por: (OF): outras fontes, quando em uso juntamente com uma das demais; (DM): *Michaelis 2000, Moderno Dicionário da Língua Portuguesa*, Edição Exclusiva Reader's Digest e Melhoramentos, Rio de Janeiro, 2000; (ME) Enciclopédia Microsoft Encarta, 1999; (DR): *Dicionário de Religiões, Crenças e Ocultismo*, Editora Vida, São Paulo, 2000; *op. cit.*: obra citada; (NT): nota do tradutor; (NE): notas dos editores ou da edição.

Prefácio da Edição Original

Em 1924, quando, pela primeira vez, eu chamei a atenção dos filhos de Deus para a divisão entre espírito e alma, vários irmãos, apesar de estarem bem dispostos a acolher essa mensagem, pensaram que isso fosse apenas um jogo de palavras sem maior significado. O que eles não puderam ver é que nosso conflito não está relacionado com as palavras, mas com o que está por trás delas. O espírito e a alma são dois órgãos totalmente diferentes: um pertence a Deus, e o outro, ao homem. Sejam quais forem os nomes que lhes dermos, eles são completamente diferentes em substância. O perigo para o crente é confundir o espírito com a alma e a alma com o espírito e ser, consequentemente, enganado, aceitando as falsificações dos espíritos malignos, alterando a obra de Deus.[4]

Originalmente, a intenção era escrever essa série de artigos imediatamente após a conclusão, em 1928, de *O Homem Espiritual*, mas por causa da fraqueza física e o pesado encargo de outros serviços, só fui capaz de publicá-los nas edições do último ano da revista *Revival* (Reavivamento).

4 "Não sou o primeiro a advogar o ensino da divisão do espírito e alma. Andrew Murray disse, uma vez, que o que a igreja e os indivíduos têm que temer é a atividade desordenada da alma, com seu poder de mente e vontade. F. B. Meyer declarou que se não tivesse obtido o conhecimento da divisão do espírito e alma ele não poderia imaginar o que teria sido sua vida espiritual. Muitos outros como Otto Stochmayer, Jessie Penn-Lewis, Evan Roberts e Madame Guyon deram o mesmo testemunho" (extraído do prefácio de Watchman Nee ao Volume 1 de *O Homem Espiritual*, Edições Parousia, 1994).

Em resposta aos pedidos dos leitores da revista, publico agora este pequeno livro.

A maior vantagem em conhecer a diferença entre espírito e alma está na percepção do poder latente da alma e no entendimento da falsificação que ele faz do poder do Espírito Santo. Tal conhecimento não é teórico, mas prático, em ajudar pessoas a andar no caminho de Deus.

Na noite passada eu estava lendo o que F. B. Meyer[5] disse certa vez em uma reunião, logo antes de sua partida da Terra. Aqui está uma parte do que ele disse:

"Este é um fato espantoso: nunca houve tanto espiritualismo fora da Igreja de Cristo como encontramos hoje. (...) Não é um fato que, nas áreas inferiores da nossa natureza humana, o estímulo da alma é bastante predominante? Hoje em dia a atmosfera está tão carregada com a perturbação de todos os tipos de imitação, que o Senhor parece estar chamando a Igreja para um terreno mais elevado".[6]

A situação hoje é perigosa. Que provemos todas as coisas e retenhamos o que é bom (1 Ts 5.21). Amém.

Watchman Nee

8 de março de 1933

5 **Frederick B. Meyer** (1847 - 1929). Aos cinco anos, começou a orar para que Deus lhe desse um coração como o de Jesus. Sua rendição ao Senhor deu-lhe uma visão muito humilde de si mesmo. Conheceu D. L. Moody, de quem chegou a imitar o estilo de evangelizar, sendo, depois, corrigido nisso pelo Senhor. O livro que ele tinha por manual de aconselhamento era *Abide in Christ* (Habitar em Cristo), de Andrew Murray. Foi um dos principais palestrantes na Convenção de Keswick, além de escritor profícuo, autor de livros, panfletos e biografias de personagens da Bíblia. Sua grande experiência com o Senhor ocorreu quando, em certa noite, após ter servido como ministro por dezesseis anos no interior da Inglaterra, motivado por ter visto em Hudson Taylor e Charles Studd algo que ele não tinha, Meyer, como ele mesmo descreveu, ajoelhou-se em seu quarto e deu a Cristo o chaveiro de sua vontade com as chaves nele. Nem ele nem seu ministério nunca mais foram os mesmos depois disso.

6 Visto que a citação original não pôde ser encontrada, essa citação foi traduzida livremente do chinês (NE original).

PARTE 1

O PODER LATENTE DA ALMA

1

O Poder Latente da Alma

> "E sobre ela choram e lamentam os mercadores da terra, porque ninguém mais compra as suas mercadorias: mercadorias de ouro, e de prata (...) e mercadorias de cavalos, e de carros, e de corpos e de almas de homens" (Ap 18.11-13 - RC).

Por favor, observe que nesta passagem a lista de mercadorias começa com ouro e prata, cavalos e carros e todos os artigos naturais que podem ser comercializados. Escravos sempre puderam ser comercializados ou trocados, porém isto é um comércio com corpos humanos. Mas, além disso, existe um mercado de almas de homens como mercadoria.

> "Pois assim está escrito: O primeiro homem, Adão, foi feito alma vivente. O último Adão, porém, é espírito vivificante. Mas não é primeiro o espiritual, e sim o natural; depois, o espiritual" (1 Co 15.45-46).

> "Formou o SENHOR Deus ao homem do pó da terra e lhe soprou nas narinas o fôlego de vida, e o homem passou a ser alma vivente" (Gn 2.7).

No decorrer dos dois últimos anos, tenho sentido fortemente a necessidade de dar uma mensagem como a que será dada agora. Ela é tão complexa quanto profunda. Não será fácil ao orador falar nem para os ouvintes entenderem. Por essa razão, não inseri esta mensagem na terceira parte de *O Homem Espiritual*. Todavia, sempre tive o sentimento de apresentá-la, especialmente após ter lido vários livros e revistas e ter tido contato até certo ponto com pessoas do mundo. Eu sinto quão preciosa é a mensagem que tivemos o privilégio de conhecer. Em vista da situação e tendência atual da Igreja, bem como do mundo, somos constrangidos a compartilhar o que nos é dado. De outro modo, estaríamos escondendo a lâmpada debaixo do alqueire (Mt 5.15).

O que vou mencionar na mensagem para nossa consideração hoje diz respeito à batalha espiritual e sua relação com o fim desta era. Por causa dos que não leram *O Homem Espiritual*, tocarei brevemente na trilogia do espírito, alma e corpo.

A Trilogia do Espírito, Alma e Corpo

"Formou o SENHOR Deus ao homem do pó da terra" (Gn 2.7). Isso se refere ao corpo do homem. "... e lhe soprou nas narinas o fôlego de vida...". Isso descreve como Deus deu espírito ao homem; era o espírito de Adão. Assim, o corpo do homem foi formado do pó da terra e o espírito lhe foi dado por Deus. "... e o homem passou a ser alma vivente." Após o fôlego de vida ter entrado em suas narinas, o homem tornou-se alma vivente. O espírito, alma e o corpo são três entidades separadas. "E vosso espírito, alma e corpo sejam conservados íntegros" (1 Ts 5.23). O espírito é dado por Deus, a alma é uma alma vivente e o corpo é formado por Deus.

Segundo o entendimento comum, a alma é nossa personalidade. Quando o espírito e o corpo foram unidos, o homem tornou-se uma alma vivente. A característica dos anjos é espírito e a dos animais inferiores, tais como as feras, é a carne. Nós, humanos, temos ambos: espírito e corpo. Mas nossa característica não é nem o espírito nem o corpo, mas a alma. Temos uma alma vivente. Por isso, a Bíblia chama o homem de alma. Por exemplo: quando Jacó desceu do Egito com sua família, as

Escrituras dizem que "todas as almas da casa de Jacó, que vieram ao Egito, foram setenta" (Gn 46.27 - RC). Aqueles que receberam a palavra de Pedro no dia de Pentecostes foram batizados "e, naquele dia, agregaram-se quase três mil almas" (At 2.41 - RC). De modo que a alma representa nossa personalidade, a qual faz de nós homens.

Quais são as várias funções do espírito, da alma e do corpo? Isso foi explicado na primeira parte de *O Homem Espiritual*. Porém, um dia fiquei sobremodo feliz ao encontrar na estante um volume dos escritos de Andrew Murray, o qual continha, nas notas suplementares, uma explanação sobre espírito, alma e corpo bastante semelhantes à nossa interpretação. O que segue é uma citação de uma das notas:

> Na história da criação do homem, lemos que o SENHOR Deus formou o homem do pó da terra – dessa maneira seu *corpo* foi formado – e lhe soprou o fôlego ou espírito de vida – assim seu *espírito* veio de Deus –, e o homem tornou-se *alma vivente*. O espírito, vivificando o corpo, fez do homem uma alma vivente, uma pessoa viva com a consciência de si mesma. A alma era o lugar de encontro, o ponto de união entre corpo e espírito. Por meio do *corpo*, o homem, a alma vivente, mantinha-se relacionado com o mundo exterior dos sentidos; podia influenciá-lo ou ser influenciado por ele. Por meio do *espírito*, ele se mantinha relacionado com o mundo espiritual e com o Espírito de Deus, de onde tinha sua origem; podia ser o recipiente e o ministro de Sua vida e poder. Permanecendo, portanto, a meio caminho entre dois mundos, e pertencendo a ambos, a *alma* tinha o poder de autodeterminação, de escolher ou recusar os objetos que rodeavam o homem e com os quais ele mantinha relacionamento.
>
> Na constituição destas três partes da natureza do homem, o espírito era o mais elevado, por ligá-lo com o Divino; o corpo era o inferior, pela ligação com o que é sensível e animal; entre eles permanecia a alma, participante da natureza dos outros, como o elo e por meio dos quais eles poderiam agir um sobre o outro. Seu trabalho, como o poder central, era mantê-los em seu devido relacionamento; conservar o corpo, como o inferior, em sujeição ao espírito; a própria alma devia receber, por meio do espírito, como o mais elevado, do Espírito Divino o que lhe faltava para

> sua perfeição e, então, transmitir ao corpo aquilo que poderia fazê-lo participante da perfeição do Espírito e torná-lo um corpo espiritual[1].

O que é o espírito? Aquilo que nos faz conscientes de Deus e nos relaciona com Ele é o espírito. O que é a alma? É aquilo que nos relaciona com nós mesmos e nos dá a autoconsciência. O que é o corpo? Aquilo que nos leva a estar relacionados com o mundo. C. I. Scofield, em sua Bíblia de referência, explica que o espírito dá consciência de Deus, a alma, a autoconsciência, e o corpo, a consciência do mundo. Um cavalo e um boi não têm consciência de Deus, porque não têm espírito. Eles só têm consciência do seu próprio ser. O corpo nos leva a sentir o mundo, como, por exemplo, ver as coisas do mundo, ter sensação de frio ou de calor, e assim por diante.

O que foi mencionado anteriormente refere-se às funções do espírito, da alma e do corpo. Menciono agora um problema muito importante. Muitos consideram que este assunto de "espírito, alma e corpo" tem relação apenas com a vida espiritual; mas precisamos reconhecer sua relevância para a obra e batalha espirituais. Nossa tendência é considerar-nos quase iguais a Adão antes da queda. Supomos que, já que somos seres humanos como Adão era, não existe muita diferença entre nós. Achamos que aquilo que *nós* não podemos fazer, Adão também não podia. Mas não vemos que existem dois fatos aqui a considerar: (a) por um lado, é verdade que não podemos fazer o que Adão *não* podia; e também (b) que aquilo que não podemos fazer Adão *podia*. Eu estou apreensivo por não percebermos quão capaz Adão era. Se estudarmos a Bíblia cuidadosamente, entenderemos que espécie de homem Adão realmente era antes da sua queda.

---

1 **Andrew Murray**, *The Spirit of Christ* (O Espírito de Cristo), *Note C: The Place of the Indwelling* (Nota C: O Lugar da Habitação Interior), p. 227-228. Christian Literature Crusade, 1964 (NE original). Uma pequena biografia de Andrew Murray pode ser encontrada no livro *A Cruz: O Caminho para o Reino*, de Jessie Penn-Lewis, publicado pela Editora dos Clássicos.

A Autoridade e a Destreza Física de Adão

"Criou Deus, pois, o homem à sua imagem, à imagem de Deus o criou; homem e mulher os criou. E Deus os abençoou e lhes disse: Sede fecundos, multiplicai-vos, enchei a terra e sujeitai-a; dominai sobre os peixes do mar, sobre as aves dos céus e sobre todo animal que rasteja pela terra" (Gn 1.27-28). "Tenham domínio sobre a Terra", disse Deus.

Você já pensou alguma vez em quão imensa a Terra é? Suponhamos que um patrão solicite a seu servo para administrar duas casas. Ele faz a designação baseado na habilidade do servo para cuidar delas. Servo algum é capaz de administrar todas as casas localizadas numa rua, pois não pode fazer o que está além da sua habilidade. Um patrão severo pode exigir que seu servo faça um pouco mais do que sua obrigação requer, mas nunca exigirá que seu servo se comprometa a realizar algo acima de sua capacidade. Deus pediria, então, que Adão fizesse algo que ele fosse incapaz de fazer? Portanto podemos concluir que, se Adão era capaz de governar a Terra, suas habilidades certamente eram superiores às nossas hoje. Ele tinha poder, habilidade e perícia. Ele havia recebido todas essas habilidades do Criador.

Embora não possamos avaliar o poder de Adão como um *bilhão* de vezes acima do nosso, podemos, não obstante, seguramente supor ser *um milhão* de vezes acima do nosso. De outra forma, não seria capaz de realizar a tarefa designada a ele por Deus. Quanto a nós hoje, entretanto, se nos fosse exigido simplesmente varrer uma rua três vezes por dia, depois não seríamos capazes de endireitarmos as costas. Como poderíamos, então, governar a Terra? Todavia, Adão não somente governou-a como também teve domínio sobre os peixes do mar, os pássaros do ar e sobre todo ser vivo sobre a Terra. Governar não é apenas sentar-se sem fazer nada. Governar exige chefia e trabalho. Vendo isso, devemos reconhecer o poder superior que Adão de fato possuía. Esse poder excede em muito nossa situação atual.

Mas você pensa que esta compreensão é algo novo? Na verdade, esse é o ensinamento da Bíblia. Antes da sua queda, Adão tinha tal força que nunca se sentia cansado depois de trabalhar. Só depois da queda foi que Deus lhe disse: "No suor do rosto comerás o teu pão" (Gn 3.19).

O Poder Intelectual e a Memória de Adão

> "Havendo, pois, o Senhor Deus formado da terra todos os animais do campo e todas as aves dos céus, trouxe-os ao homem, para ver como este lhes chamaria; e o nome que o homem desse a todos os seres viventes, esse seria o nome deles" (Gn 2.19).

Isso não é maravilhoso? Suponha que você pegue um dicionário e leia o nome de todos os animais: você não admitirá não poder reconhecer nem memorizar todos eles? Entretanto, Adão deu nome a todos os pássaros e animais. Quão inteligente ele deve ter sido! Aqueles de nós que não são tão brilhantes, sem dúvida, abandonariam rapidamente o estudo da zoologia logo que vissem sua incapacidade para memorizar todos os detalhes. Mas Adão não foi alguém que memorizou estes nomes zoológicos; foi ele quem *deu* nome a todos. Por isso, sabemos quão rico e perfeito era o poder de raciocínio de Adão.

O Poder Administrativo de Adão

> "Tomou, pois, o Senhor Deus ao homem e o colocou no jardim do Éden para o cultivar e o guardar" (v. 15).

Considerando como Adão governava a Terra, vamos nos deter um pouco nas coisas que Deus lhe encarregou de fazer. Deus ordenou que ele lavrasse o jardim do Éden. Isso precisava ser feito sistematicamente. De que tamanho era o jardim? Gênesis 2.10-14 menciona o nome de quatro rios, a saber: Pisom, Giom, Tigre e Eufrates. Todos eles fluíam do Éden e se dividiam em quatro regiões pluviais. Você pode imaginar quão grande era o jardim? Quão forte devia ser Adão para ser encarregado de lavrar uma terra que era cercada por quatro rios! Ele não devia apenas lavrá-la, mas também guardá-la: guardar o jardim para que não fosse invadido pelo inimigo. Portanto, o poder que Adão tinha naquele tempo deve ter sido tremendo. Ele deve ter sido um homem com habilidades assombrosas. Todos os seus poderes eram inerentes à sua alma vivente. Podemos considerar o poder de Adão como sobrenatural e miraculoso, mas, no tocante a Adão, essas habilidades não eram miraculosas, e sim humanas; não sobrenaturais, mas naturais.

Adão usou todos os seus poderes naquele tempo? Pelo que pode ser visto do nosso estudo de Gênesis, ele não esgotou seu poder, pois logo depois de ser criado por Deus, e antes que pudesse manifestar todas as suas habilidades, ele caiu.

Qual foi a isca que o inimigo usou para seduzir Eva? O que o inimigo prometeu a ela? Foi isto: "Porque Deus sabe que, no dia em que dele [do fruto da árvore do conhecimento do bem e do mal] comerdes, se abrirão os vossos olhos, e sereis como Deus, sabendo o bem e o mal" (3.5). "Ser igual a Deus" foi a promessa do inimigo. Ele disse a Eva que, a despeito do poder que ela já possuía, ainda havia entre ela e Deus um grande abismo. Mas se comesse desse fruto, ela teria a autoridade, a sabedoria e o poder de Deus. E, naquele dia, Eva foi tentada e caiu.

O Poder Dado por Deus a Adão

Investigando dessa maneira, não estamos de modo algum sendo exageradamente curiosos; só desejamos conhecer o que Deus deu a Adão. "Também disse Deus: Façamos o homem à nossa imagem, conforme a nossa semelhança" (1.26). As palavras *imagem* e *semelhança* podem parecer iguais no seu significado e, por isso, repetitivas. Mas no hebraico a palavra *imagem* não indica semelhança física, antes denota semelhança moral ou espiritual. Alguém expressou assim: "transformado na semelhança"; isto é, "ser conformado com a semelhança". O propósito de Deus ao criar o homem é que este seja transformado de acordo com Sua imagem. Deus queria que Adão fosse como Ele[2]. O diabo disse:

2 Evidentemente, não em Sua deidade, Sua posição e característica única de ser Deus, mas em Sua vida e natureza.

"Sereis como Deus". Mas a intenção original de Deus era que Adão fosse *transformado* para se tornar como Ele[3].

Disso concluímos que, antes da queda, Adão tinha em si o poder de tornar-se como Deus. Ele possuía uma habilidade oculta que lhe tornava possível tornar-se como Deus. Adão já era como Deus na aparência exterior, mas Deus lhe tinha ordenado que fosse como Ele moralmente (uso a palavra "moralmente" para indicar aquilo que está acima do material e não o que aponta para a boa conduta do homem). Assim, é-nos mostrado quanta perda a humanidade sofreu por causa da queda. A magnitude do prejuízo está, provavelmente, além da nossa imaginação.

A Queda do Homem

Adão é uma alma. Em sua alma, seu espírito e corpo estão unidos. Aquele poder extraordinário que mencionamos está presente na alma de Adão. Em outras palavras, a alma vivente, que é o resultado da união do espírito e do corpo, possui um poder sobrenatural inimaginável. Entretanto, na queda, o poder que diferenciava Adão de nós foi perdido. Todavia, isso não significa que não haja mais tal poder; apenas indica que, embora essa habilidade ainda esteja no homem, ela está "congelada" ou imobilizada. De acordo com Gênesis 6, após a queda o homem se tornou carne. A carne engloba o ser total e o subjuga. Originalmente, o homem era uma alma vivente. Agora, tendo caído, ele se tornou carne. Sua alma fora destinada a se submeter ao controle do espírito; agora ela está sujeita ao domínio da carne. Por isso, Deus disse: "O meu Espírito não agirá para sempre no homem, pois este é carnal" (6.3). Aqui, ao mencionar o homem, Deus o chamou de *carne*, pois aos Seus olhos era isso que o homem era agora. Por conseguinte, está registrado na Bíblia que "toda carne havia corrompido o seu caminho sobre a terra"

---

3 A proposta do diabo era que o homem se tornasse Deus instantaneamente, de fora para dentro, enquanto o desejo de Deus é que o homem seja *transformado*, seja conformado à Sua imagem, ou seja, ao Filho (Cl 1.15), por meio de receber Sua vida, prefigurada pelo fruto da árvore da vida, e por ela viver; isso indica um processo, não uma transformação imediata.

(v. 12 - RC), e também: "Não se ungirá com ele [o óleo santo da unção, prefigurando o Santo Espírito] a carne do homem" (Êx 30.32 - RC), e mais: "Nenhuma carne será justificada diante dele pelas obras da lei" (Rm 3.20 - RC).

Por que enfatizo isso de forma demorada? Em Apocalipse 18 são mencionadas coisas que deverão ocorrer nos últimos dias. Eu mostrei bem no início como a alma do homem se tornará uma mercadoria na Babilônia, algo que pode ser vendido e comprado. Mas por que a alma do homem é tratada como uma mercadoria? Porque Satanás e seu fantoche, o anticristo, desejam usar a alma humana como um instrumento para suas atividades no fim desta era. Quando Adão caiu, no jardim do Éden, seu poder foi imobilizado. Ele não perdeu esse poder totalmente; tal poder apenas ficou enterrado dentro dele. Adão havia se tornado carne, e sua carne agora encerra hermeticamente esse maravilhoso poder dentro de si. Geração sucedeu geração, e o resultado foi que essa habilidade inicial de Adão tornou-se uma força "latente"[4] em seus descendentes. Veio a ser um tipo de poder "oculto" que não está perdido para o homem, mas apenas confinado pela carne.

Hoje, em cada pessoa que vive na Terra encontra-se esse poder adâmico, embora esteja confinado na pessoa e não seja capaz de se expressar livremente. Entretanto, tal poder está na alma de cada homem, assim como estava na alma de Adão no princípio. Visto que a alma de hoje está sob o cerco da carne, esse poder está igualmente confinado por ela. A obra do diabo hoje em dia é despertar a alma do homem e liberar esse poder latente que está em seu interior como uma falsificação do poder espiritual. Menciono estas coisas porque precisamos ser advertidos com respeito ao especial relacionamento entre a alma do homem e Satanás nos últimos dias.

Já vimos como Adão possuía habilidade especial e sobrenatural; todavia, o que ele tinha, na verdade, não era de todo especial ou sobrenatural,

---

4 **Latente:** que não se vê, que está oculto. Diz-se da atividade ou caráter que, em certo momento, não se manifesta, mas é capaz de se revelar ou desenvolver quando as circunstâncias sejam favoráveis ou se atinja o momento próprio para isso (DM).

ainda que assim nos pareça hoje. Antes da queda Adão podia exercitar com facilidade essa habilidade, completa e naturalmente, visto que ela estava contida em sua alma. Mas após sua queda esse poder ficou confinado por seu corpo. Antes o corpo era uma ajuda para a alma poderosa de Adão; agora a alma havia caído e seu poder foi limitado pela casca da carne. Satanás, entretanto, tenta romper essa casca carnal e liberar o poder latente na alma do homem, a fim de obter o controle sobre ele. Muitos não entendem essa estratégia e são enganados, aceitando-a como se fosse de Deus.

Uma Consideração do Ponto de Vista Religioso

Todavia, isso não acontece apenas no cristianismo. Os babilônios, os árabes, os budistas, os taoístas e os hindus tentam, por seus respectivos modos, liberar o poder que Adão legou à nossa alma. Em qualquer religião, sejam quais forem os meios ou modos de instrução, há um princípio comum por trás de todas as aparentes diferenças. Esse princípio comum visa a subjugar a carne exterior com a finalidade de libertar o poder da alma de todo tipo de escravidão, para a mais livre expressão. Algumas instruções dadas nessas religiões têm por objetivo destruir a obstrução do corpo, outras, a união do corpo e da alma, enquanto algumas são destinadas a promover o fortalecimento da alma por meio de treinamento, capacitando-a, assim, a vencer o corpo. Sejam quais forem os meios, o princípio por trás de todos eles é o mesmo. É importante que saibamos isso; caso contrário, seremos enganados.

Eu não sei como as pessoas são informadas a respeito dessa maravilhosa energia adormecida na alma do homem, cuja liberação, atualmente limitada pela carne, resultará na demonstração de poder miraculoso, alcançando até mesmo a posição de um “mágico” ou “buda”[a]. Provavelmente elas são informadas pelo diabo, o espírito maligno. As explicações que elas dão podem variar, mas o princípio básico é o mesmo: o uso de meios especiais para liberar o poder da alma. Elas podem não usar, como nós temos feito, o termo “poder da alma”, porém o fato é inconfundível. Por exemplo: no budismo[b] e no taoísmo[c], e igualmente em algumas seitas do cristianismo, poder especial sobrenatural está disponível a todas as pessoas para efetuar milagres na cura de doenças e na predição do futuro.

Tome como exemplo as práticas ascéticas[d] e os exercícios respiratórios do taoísmo, ou até mesmo a forma mais simples de meditação abstrata: tudo isso é executado de acordo com o princípio de subjugação do corpo sob a alma visando à libertação do poder dela. Não é de admirar que muitas coisas miraculosas aconteçam, as quais não podemos rejeitar simplesmente como se fossem superstições. O budismo era, originalmente, ateísta. Siddhartha Gautama[e] foi um ateu. Este é um consenso de muitos eruditos e críticos com respeito aos ensinamentos do budismo. Ele cria na transmigração da alma, bem como no nirvana[5]. Não tenho a mínima intenção de dissertar sobre o budismo; só quero explicar por que e como muitas maravilhas têm sido realizadas nessa religião.

No budismo existe um ensinamento sobre a fuga do mundo. Aqueles que fazem o voto budista devem se abster do casamento e da comida e não devem matar nenhuma coisa viva[6]. Devido às práticas ascéticas podem, eventualmente, alcançar a eliminação de todo alimento. Alguns monges de alto grau podem até mesmo penetrar o passado desconhecido e predizer o futuro. Eles realizam muitas maravilhas por meio da mágica budista. São capazes de profetizar coisas vindouras quando o "coração de sangue"[7] jorra. O empenho em todos esses diferentes tipos de abstinências e práticas ascéticas flui de um único princípio dominante: o

---

5 Esse estado, segundo *The American Heritage Dictionary of the English Language*, é de absoluta ventura, caracterizado pela liberação do ciclo de reencarnação e conquistas, através da extinção do ego (N E inglês). Extinção das ilusões, desejos e paixões, como o ódio, a ira etc. É o alvo da piedade budista, que, segundo seus praticantes, liberta das excessivas reencarnações (DM).

6 Devido à sua grande divulgação, mistura a culturas e adaptações pelas quais passaram, os votos budistas podem, em alguns lugares, variar, mas os princípios gerais apresentados pelo autor permanecem os mesmos.

7 De acordo com Christian Chen, essa é "uma expressão idiomática chinesa que descreve a maneira como eles se comportam ao praticar o budismo, o que é sempre de acordo com seus impulsos emocionais. Há um ditado chinês que diz que o impulso é como o sangue correndo para o coração como a corrente de um rio".

budista está tentando quebrar todos os laços físicos e materiais com o fim de liberar o poder de sua alma.

Conheço algumas pessoas mais idosas do que eu que se ligaram ao Clube da Unidade[f]. Elas e seus colegas membros do clube praticam a meditação abstrata e coisas assim. Elas me contam que cada nível que penetram tem sua própria dimensão de luz. A luz que eles percebem segue a verdade que penetram. Creio no que dizem, pois são capazes de ser libertados da repressão do corpo e, assim, liberam o poder que Adão possuía antes da sua queda. Não há nada de extraordinário nisso.

A moderna Igreja de Cristo, Cientista foi fundada pela senhora Mary Baker Eddy[g]. Ela negou a existência das doenças, da dor, do pecado e da morte (embora ela já tenha morrido). Visto que, segundo seus ensinamentos, não existe tal coisa como a doença, sempre que alguém estiver doente ele só precisa exercitar a mente contra qualquer reconhecimento de dor e será curado. Isso significa, então, que se alguém crê que não existe nenhuma doença, ela não ficará doente. Pelo treinamento da mente, emoção e vontade do homem, ao ponto da absoluta negação da existência dessas coisas, considerando-as falsas e ilusórias, descobrir-se-á que elas realmente não existem.

Quando esse ensinamento foi divulgado pela primeira vez, muitas pessoas se opuseram a ele. Os médicos, em especial, fizeram oposição, pois, se isso fosse verdade, não haveria mais nenhuma necessidade deles. Todavia, ao realizarem exames nas pessoas que haviam sido curadas pela Ciência Cristã, aqueles médicos não puderam repudiá-la como falsa. Por conseguinte, mais e mais pessoas creem e mais médicos e cientistas famosos abraçam esse ensino. Isso não é de tudo surpreendente, porque existe um reservatório de tremendo poder da alma esperando apenas ser libertado do confinamento da carne.

Uma Consideração do Ponto de Vista Científico

Vejamos agora esse assunto cientificamente. O campo da psicologia tem empreendido pesquisas sem precedentes na era moderna. O que é psicologia? A palavra é uma combinação de duas palavras gregas: "psiquê", que significa alma, e "logia", que significa discurso. Portanto, psicologia é a "ciência da alma". A pesquisa utilizada pelos cientistas modernos é apenas uma sondagem na parte da alma do nosso ser. Ela se limita a essa parte, não chegando a tocar no espírito.

A parapsicologia moderna começou com Franz Anton Mesmer[h]. Sua primeira descoberta, feita em 1778, é agora conhecida como mesmerismo (o hipnotismo como praticado pelo próprio Mesmer). Seus discípulos superaram-no devido às suas próprias descobertas, assim como o verde é derivado do azul, mas supera o azul. Alguns dos seus experimentos são quase incríveis em seus resultados. O método deles, que não é imprevisível, visa a descarregar aquele poder que está oculto dentro da alma humana. Por exemplo, na clarividência (o poder de perceber coisas que estão fora do alcance natural dos sentidos humanos) ou na telepatia (comunicação por meios cientificamente desconhecidos ou inexplicáveis, como pelo exercício do poder místico), pessoas são capazes de ver, ouvir ou cheirar coisas que estão a milhares de quilômetros.

Tem-se afirmado que o mesmerismo "é a rocha da qual todas as ciências mentais (...) foram cortadas" (Jessie Penn-Lewis)[8]. Antes da época de Mesmer, a pesquisa psíquica não era um ramo independente da ciência; ela ocupava somente um lugar insignificante na ciência natural. Mas, devido a essas surpreendentes descobertas, ela se tornou um sistema em si mesma.

Desejo atrair sua atenção não para o estudo da psicologia, mas para o fato de que todos aqueles fenômenos miraculosos são obtidos através da liberação do poder latente da alma do homem, aquela capacidade que ficou oculta no homem após a queda. Por que isso é chamado de poder "latente"? Porque na queda de Adão Deus não removeu aquele poder "sobrenatural" que Adão possuía. Em vez disso, esse poder caiu

8 Todas as demais citações de Jessie Penn-Lewis no restante do capítulo, exceto onde citada a revista *The Overcomer*, de 1921-1923, são de sua obra *Soul and Spirit* (Alma e Espírito), Overcomer Literature Trust (NE original). A revista *The Overcomer* (*O Vencedor*) foi fundada pela sra. Penn-Lewis em 1909 e é publicada até hoje. Sua versão em português é publicada e distribuída gratuitamente no Brasil pela Editora Restauração.

com ele e ficou aprisionado em seu corpo. O poder estava lá, só que não podia ser manifestado. Por isso, o termo "poder latente".

Os fenômenos da vida humana, tais como falar e pensar, são habilidades bastante notáveis; porém, o poder latente que está oculto no homem é também impressionante. Se esse poder fosse ativado, muitos outros fenômenos notáveis seriam manifestados em nossa vida. As muitas ocorrências miraculosas que a parapsicologia moderna descobre de modo algum atestam o caráter sobrenatural delas. Essas manifestações simplesmente provam que o poder latente da alma pode ser liberado pelos meios apropriados.

> Uma lista de algumas das "descobertas" que seguiram após Mesmer ter obtido o conhecimento básico das forças misteriosas latentes na constituição humana mostra como o movimento avançou de modo surpreendente, uma vez que um homem obtivera a chave. Em 1784, um aluno de Mesmer descobriu a "clarividência" como resultado do sono mesmérico e, acidentalmente, tropeçou na "leitura do pensamento". (Jessie Penn-Lewis)

A telepatia é a comunicação entre mente e mente de forma diferente daquela pelos conhecidos canais dos sentidos. Ela capacita uma pessoa a usar sua própria força psíquica para determinar o pensamento dos outros, sem a necessidade de ser informada. "O hipnotismo, a neurologia e a psicometria[9] (...) e outras 'descobertas' se seguiram à medida que os anos passaram" (Jessie Penn-Lewis). A hipnose é uma condição de sono artificialmente induzida, na qual um indivíduo fica extremamente responsivo às sugestões feitas pelo hipnotizador. Não apenas homens, mas mesmo os menores animais também podem ser hipnotizados. E a psicometria é

> a descoberta de que a mente pode agir fora do corpo humano e de que a "psicometria sensitiva" pode ler o passado como um livro

9 Habilidade de predizer o futuro de uma pessoa através do manuseio de um objeto que lhe pertença (DR).

> aberto. Depois veio uma descoberta chamada *statuvolismo*[10], significando uma condição peculiar produzida pela vontade, em que o sujeito pode "lançar a mente" a algum lugar distante e ver, ouvir, sentir, cheirar e provar o que está acontecendo lá. Depois (...) veio uma descoberta (...) chamada "patetismo", pela qual a mente poderia retirar de si mesma a consciência de dor e curar doenças. No início, os homens de ciência apenas seguiram essas "descobertas" como ramificações da ciência natural. (Jessie Penn-Lewis).

Mas, devido à multiplicação desses fenômenos miraculosos, a parapsicologia logo se tornou uma ciência própria. Para os praticantes dessa ciência, esses fenômenos são bastante naturais. Para nós, cristãos, são ainda mais naturais, pois sabemos que são simplesmente as consequências da liberação do poder latente da alma.

Os psicólogos afirmam que no interior do homem existe um tremendo exército de poderes: o poder do autocontrole, o poder criativo, o poder reconstrutor, o poder da fé, o poder de estimular e o poder de revivificar. Tudo isso pode ser liberado pelos homens. Um livro de psicologia vai tão longe a ponto de proclamar que todos os homens são deuses, só que o deus está aprisionado dentro de nós. Por liberar o deus dentro de nós, todos nos tornamos deuses. Quão semelhantes são essas palavras àquelas de Satanás [no princípio, que levaram Adão à queda]!

A Regra Comum

Seja na China ou nos países ocidentais, todas essas práticas de respiração, exercício ascético, hipnotismo, predições, reações e comunicações são apenas a liberação e a manifestação do poder interior. Imagino que todos já ouvimos algo dos atos miraculosos do hipnotismo. Na China existem adivinhos cujas proezas de predição são bem conhecidas. Todo dia eles entrevistam apenas uns poucos clientes. Eles devotaram

10 Outro nome dado para experiências extracorpóreas; também chamadas de projeção ou viagem astral ou viagem da alma.

muito tempo e energia no aperfeiçoamento de sua arte, e suas predições são espantosamente exatas. Os budistas e taoístas também têm suas proezas miraculosas. Embora não faltem evidências de engano, as manifestações aparentemente sobrenaturais são inegáveis.

A explicação para esses fenômenos é simples: essas pessoas, por acaso ou sob a direção do espírito maligno, descobrem algum método ou métodos de práticas ascéticas que as capacitam a executar proezas extraordinárias. Pessoas comuns não sabem que há esse poder nelas. Outras, com algum conhecimento científico, sabem que esse poder está oculto nelas, embora não possam dizer como ele é. Nós, que temos sido ensinados por Deus (Jo 6.45), sabemos que esta capacidade é o poder latente da alma do homem, o qual está agora confinado pela carne por causa da queda de Adão. Esse poder caiu com o homem de tal modo que, de acordo com a vontade de Deus, não deveria ser mais usado de modo algum. Mas é o desejo de Satanás desenvolver essa capacidade latente a fim de fazer o homem sentir que é tão rico quanto Deus, de acordo com o que ele, Satanás, havia prometido. Assim, o homem adorará a si mesmo, embora indiretamente seja uma adoração a Satanás.

Por isso, Satanás está por trás de todas essas pesquisas parapsíquicas. Ele está fazendo o melhor que pode para usar a energia latente da alma para alcançar seu alvo. Por essa razão, todos os que desenvolvem seu poder da alma não podem evitar a comunicação com o espírito maligno e de serem usados por ele.

G. H. Pember, em seu livro *As Eras Mais Primitivas da Terra*[11], mencionou esse assunto de outro ângulo:

> Parecem existir dois métodos através dos quais os homens podem alcançar conhecimento e poder proibidos e obter acesso a uma relação proibida. Aquele que seguir o primeiro (...) deve colocar o corpo sob o controle de sua própria alma, a fim de poder projetá-la (...) O desenvolvimento dessas faculdades é, sem dúvida, possível

11 Este livro, um estudo profundo de Gênesis 1–6, é um dos maiores clássicos cristãos de todos os tempos, publicado em dois volumes por esta editora.

> somente a poucos, e até mesmo no caso deles, só pode ser alcançado por meio de um longo e severo curso de treinamento, cujo propósito é quebrar o corpo, levando-o a uma completa sujeição, e produzir uma perfeita apatia em relação a todos os prazeres, dores e emoções dessa vida, a fim de que nenhum elemento perturbador perturbe a tranquilidade da mente do aspirante e impeça o progresso dele (...) O segundo método é por meio de uma submissão passiva ao controle de inteligências exteriores.

Devemos prestar atenção principalmente ao primeiro método, isto é, a ativação do poder latente da alma de alguém. O ponto de vista de Pember coincide completamente com o nosso. As práticas ascéticas dos budistas, a respiração e a meditação abstrata do taoísmo, a meditação e concentração mental dos hipnotizadores, a sessão silenciosa[12] dos que pertencem ao Clube da Unidade e todas as variedades de meditações, de contemplações, de pensamentos concentrados em não pensar em absolutamente nada, e centenas de atos semelhantes que as pessoas praticam, seguem a mesma regra, não importando quão variados sejam os conhecimentos e a fé[13] delas. O que todas essas coisas fazem nada mais é do que levar a vontade do homem a um lugar de tranquilidade, com sua carne totalmente subjugada, tornando assim possível a liberação do poder latente da alma. A razão por que tal coisa não se manifesta em todos é porque nem todas as pessoas podem romper a barreira da carne e levar todas as expressões físicas comuns à perfeita tranquilidade.

Alguns Fatos

Há muitos anos eu travei conhecimento com um indiano. Ele me falou sobre um amigo dele no hinduísmo que podia revelar, com preci-

12 Ou "o sentar-se em silêncio".

13 Conhecimento do que estão fazendo ou do envolvimento delas com as forças espirituais do mal, e fé na realidade dessas coisas. Muitos são os testemunhos de pessoas que, mesmo descrentes da existência dessas "coisas", foram capazes de realizar atos "sobrenaturais", como adivinhar ou mover objetos.

são, os segredos das pessoas. Certa vez, ele desejou testar a capacidade do seu amigo hindu. Convidou-o, então, à sua casa, com a certeza de que o hindu poderia revelar tudo o que tivesse sido colocado dentro de cada gaveta na casa. Mais tarde, meu conhecido indiano solicitou a seu amigo para ficar do lado de fora e aguardar, enquanto ele embrulhava um valioso objeto em pano e papel antes de colocá-lo dentro de uma caixa e pô-lo numa gaveta trancada. Seu amigo hindu retornou ao interior da casa e foi capaz de revelar qual era o objeto valioso, sem errar. Isso era devido, inquestionavelmente, ao exercício do poder da alma, que podia penetrar todas as barreiras físicas.

A sra. Jessie Penn-Lewis, a quem citamos antes, certa vez escreveu o seguinte:

> Uma vez encontrei, no norte da Índia, um homem que tinha acesso aos mais altos círculos da sociedade em Simla, a residência de verão do governo da Índia, o qual me contou, certa noite, de sua conexão com os Mahatmas[i] da Índia e em outros países da Ásia. Ele disse que conhecia os grandes eventos políticos semanas e meses antes de eles ocorrerem. "Eu não dependo de notícias em telegramas e jornais. Eles somente registram acontecimentos passados, mas nós os conhecemos antes de ocorrerem", disse ele. Como pode um homem em Londres saber o que acontece na Índia e vice-versa? Explicaram-me que era devido à "força da alma" que era projetada pelos homens que conheciam o segredo dos Mahatmas.
>
> (Revista *The Overcomer*, de 1921-23)

Citando o livro *Spiritual Dynamics* (Dinâmicas Espirituais) de Wild, Pember registrou que um adepto[j]

> pode conscientemente ver a mente dos outros. Ele pode agir através da sua força da alma sobre espíritos externos. Ele pode acelerar o crescimento de plantas, apagar o fogo e, [imitando] Daniel, subjugar animais selvagens e ferozes. Ele pode enviar sua alma a certa distância e, de lá, não apenas ler os pensamentos dos outros, mas falar e tocar naqueles objetos distantes; não apenas isso, mas pode também manifestar a seus amigos distantes seu corpo espiritual

> na semelhança exata daquela carne. Além disso (...) o adepto pode criar, da múltipla atmosfera circunstancial, a semelhança de qualquer objeto físico ou ordenar a eles que venham à sua presença.
>
> (Pember, *op. cit.*)

A Atitude do Cristão

Esses fenômenos miraculosos na religião e na ciência são apenas a manifestação do poder latente do homem, o qual, por sua vez, é usado pelo espírito maligno. Todos eles seguem uma regra comum: romper o cativeiro da carne e liberar o poder da alma. A diferença entre nós, cristãos, e eles encontra-se no fato de que todos os nossos milagres são realizados por Deus através do Espírito Santo[14]. Satanás usa a força da alma do homem para manifestar sua força. O poder da alma do homem é o instrumento de operação de Satanás, por meio do qual realiza seus fins malignos.

Deus, entretanto, nunca opera com o poder da alma do homem, pois este Lhe é sem utilidade. Quando nascemos de novo, nós nascemos do Espírito Santo. Deus opera pelo Espírito Santo e por nosso espírito renovado. Ele não tem nenhum desejo de usar o poder da alma. Desde a queda, Deus proibiu o homem de usar novamente seu poder original da alma. É por essa razão que o Senhor Jesus frequentemente declara o quanto precisamos perder nossa vida da alma, isto é, nosso poder da alma. Deus deseja que nós, hoje, não usemos este poder de modo algum.

Não podemos dizer que todas as maravilhas realizadas no mundo são falsas; temos de admitir que muitas delas são reais. Porém, todos esses fenômenos são produzidos pelo poder latente da alma após a queda de Adão. Como cristãos devemos ser cautelosos nesta última era, para não despertar a energia latente da alma, proposital ou involuntariamente.

Voltemo-nos novamente para as passagens lidas no começo. Notamos que no fim dos tempos a obra particular de Satanás e dos espíritos

---

14 O autor está se referindo, obviamente, aos cristãos com uma vida espiritual adequada e submissa a Deus.

malignos sob sua direção será comercializar com o poder da alma do homem. A intenção é simplesmente encher este mundo com o poder latente da alma. Um correspondente da revista *Overcomer* fez a seguinte comparação: "As forças da psiquê (alma) dispostas contra as forças do pneuma (espírito)". Todos os que têm discernimento espiritual e sensibilidade conhecem a realidade dessa declaração.

O poder da alma lança-se sobre nós como uma torrente. Fazendo uso da ciência (psicologia e parapsicologia), religião e até mesmo de uma igreja ignorante (em sua busca exagerada por manifestações sobrenaturais e na ausência de controle quanto a dons sobrenaturais segundo a direção da Bíblia[15]), Satanás está levando o mundo a se encher com o poder das trevas. Todavia, isso nada mais é do que o preparo último e final de Satanás para a manifestação do anticristo. Aqueles que são realmente espirituais (isto é, aqueles que rejeitam o poder da alma) percebem em tudo ao redor de si a aceleração e crescimento da oposição dos espíritos malignos. A atmosfera inteira está tão escurecida que eles acham difícil avançar. Porém, essa é também a preparação de Deus para o arrebatamento dos vencedores.

Precisamos entender o que o poder da alma é e o que essa força da alma pode fazer. Deixe-me dizer que, antes da volta do Senhor, coisas semelhantes às descritas anteriormente aumentarão grandemente, talvez mais do que cem vezes. Satanás realizará muitas proezas surpreendentes através do uso do poder da alma, a fim de enganar os eleitos de Deus.

Estamos nos aproximando agora do tempo da grande apostasia. "O movimento está aumentando[16] rapidamente", observou a sra. Penn-Lewis. "A mão do arqui-inimigo de Deus e do homem está no leme, e o mundo se apressa para a hora negra, quando, por um breve período, Satanás será verdadeiramente o 'deus desta era', governando através de um super-homem cuja 'parousia' (aparecimento) não poderá demorar". O que é o poder da alma? Indo às Escrituras e sob a iluminação do Espírito Santo, os cristãos devem reconhecer que esse poder é infernal ao

15 Por tratar-se de assunto de extrema importância, incluímos nesta edição os artigos *Como Provar os Espíritos*, de A. W. Tozer, e *Testes para o Sobrenatural*, de D. M Panton.

16 Ou "o momento está se aproximando".

máximo, a ponto de se espalhar sobre todas as nações da Terra e transformar o mundo inteiro num caos.

Satanás está utilizando agora o poder da alma a fim de servir como um substituto para o evangelho de Deus e seu poder. Ele tenta cegar o coração das pessoas, por meio da maravilha do poder da alma, para aceitar uma religião sem vida. Ele usa também as descobertas da ciência psíquica para lançar dúvidas sobre o valor de ocorrências sobrenaturais no cristianismo, levando pessoas a considerá-las como, de igual modo, nada mais do que o poder latente da alma. Ele visa a substituir a salvação de Cristo pela força psíquica. O esforço moderno de mudar maus hábitos e temperamentos pela hipnose é um precursor desse objetivo.

Os filhos de Deus só podem ser protegidos pelo conhecimento da diferença entre espírito e alma. Se a obra profunda da cruz não for aplicada à nossa vida adâmica e, se pelo Espírito Santo, uma real união de vida com o Senhor ressurreto não for realizada, podemos inconscientemente desenvolver nosso poder da alma.

É útil citar novamente a sra. Penn-Lewis:

> O campo de batalha hoje é a "força da alma" *versus* a "força do Espírito". O Corpo de Cristo está, pela energia do Espírito Santo nele, avançando para o céu. A atmosfera do mundo está obscurecendo-se com as correntes psíquicas, após as quais estão concentrados os inimigos dos ares. A única segurança para o filho de Deus é um conhecimento experimental da vida de união com Cristo, onde ele habita com Cristo em Deus, acima dos ares envenenados nos quais o príncipe das potestades do ar realiza seu trabalho. Somente o sangue de Cristo para purificação, a cruz de Cristo para identificação na morte e o poder do Senhor ressurreto e assunto pelo Espírito Santo, continuamente declarado, retido e exercido, conduzirão os membros do Corpo em vitória para se unirem ao Cabeça que ascendeu.

Minha esperança para hoje é que você seja ajudado a conhecer a fonte e as operações do poder latente da alma. Que Deus nos impressione com o fato de que onde a força da alma está, aí está também o espírito maligno. Não devemos usar o poder que provém de nós; devemos, antes, usar o poder que procede do Espírito Santo. Recusemos principalmente o poder latente da alma, a fim de que não venhamos a cair nas mãos de Satanás, pois o poder da alma, devido ao pecado de Adão, já caiu sob o domínio de Satanás e se tornou seu último instrumento de trabalho. Por essa razão, precisamos exercer grande cuidado contra o engano de Satanás.

Notas

a **Buda**: "O iluminado", em sânscrito. No início do budismo, esse título foi atribuído exclusivamente ao seu fundador; posteriormente, uma corrente mais liberal do budismo passou a afirmar que outros poderiam chegar a esse estágio.

b **Budismo**: religião criada na Índia. Baseia-se nos ensinamentos de Siddhartha Gautama, mais conhecido como Buda. Gautama abraçava a ideia da reencarnação. Os quatro princípios fundamentais sobre os quais o budismo se baseia são: 1) Todo sofrimento é universal; 2) A causa do sofrimento é a ignorância; 3) É possível que o sofrimento seja eliminado; 4) Existe um caminho que leva à cessação do sofrimento. O caminho proposto por Gautama é composto por oito passos conhecidos popularmente como os Oito Nobres Caminhos. Além de cumprir os requisitos dos Oito Nobres Caminhos, o monge budista que aspira a ser um seguidor leal e genuíno de Gautama obedece a dez mandamentos que proíbem: assassinato, roubo, fornicação, mentira, ingestão de bebidas alcoólicas, comer durante a abstinência; cantar, dançar e todas as formas de diversão mundana, usar perfumes e outros ornamentos, dormir em camas que não estejam armadas no chão e aceitar ouro e prata como esmola. O budismo não crê em um Deus pessoal, imanente (próximo de Sua criação) e transcendente (distinto de Sua criação); ensina que todo e qualquer desejo resulta em pecado e que a salvação é a libertação do ciclo de renascimentos, ou o "cessar de existir", e o cultivo do caráter e da estatura ética na vida presente pelo cumprimento da lei e a obediência diligente aos Nobres Caminhos (ME, DR).

c **Taoísmo**: sistema religioso e filosófico chinês datado do século IV a.C. Embora seja classificado como religião, inicialmente o taoísmo era uma filosofia e só foi organizado como religião em 440 d.C. Suas crenças filosóficas e místcas encontram-se nos livros *Chuang-tzu* e *Tao-te Ching* (*Clássico do Caminho e seu poder*, século III a.C.), atribuído a Lao-Tsé. O taoísmo afirma que a busca total de toda a raça humana resume-se em tornar-se um com o *Tao* (vocábulo que não tem equivalente direto em nossa língua, mas pode ser relacionado, ainda que de forma grosseira, a termos como caminho, verdade ou passo), o qual transcende toda a matéria no universo. O taoísmo é severamente criticado por ser uma religião que rejeita a atividade humana em todos os níveis, seja político, social, familiar etc. Ao mesmo tempo, venera a fraqueza, a passividade, a receptividade, a inutilidade e a vacuidade, despreza todas as formas de governo e coloca como sua preocupação suprema a busca de uma vida de felicidade e bem-estar. Na China, no final da dinastia Han, surgiram grandes movimentos religiosos.

Zhang Daoling declarou haver recebido uma revelação de Lao-Tsé e fundou o movimento *Tianshidao* (O Caminho dos Mestres Celestiais). A doutrina transformou-se no credo oficial da dinastia Wei (386-534 d.C.), sucessora da Han, inaugurando, assim, o "taoísmo religioso", que se espalhou pelo norte da China. O taoísmo religioso considera três categorias de espíritos: deuses, fantasmas e antepassados. Na veneração aos deuses, incluem-se orações e oferendas. Muitas destas práticas originaram-se dos rituais do *Tianshidao*. O sacerdócio celebrava cerimônias de veneração às divindades locais e aos deuses mais importantes e populares (ME, DR).

d **Ascetismo** é a prática de abnegação e renúncia dos prazeres naturais com o propósito de alcançar o mais alto grau de espiritualidade, intelectualidade ou autoconsciência. Quase sempre requer jejum e celibato e, às vezes, também sofrimento físico. Implica a ideia de que a matéria e o espírito estão em oposição um ao outro. O corpo físico, com suas necessidades e desejos inerentes, é incompatível com o espírito e sua natureza divina. Assim, uma pessoa só alcança uma condição espiritual mais elevada se renunciar à carne e ao mundo (ME, DR).

e **Buda** (563-483 a.C.), filho do soberano de um pequeno reino, nasceu perto da atual fronteira entre a Índia e o Nepal. Aos 29 anos decidiu renunciar a todos os bens materiais, deixou esposa e filho, tornou-se um mendigo e vagueou em busca da verdade. Dedicou-se a um período de intensa meditação e recebeu a tão esperada iluminação, que lhe valeu o título de Buda. Formou, com seus discípulos, uma comunidade monástica onde passou o resto de sua vida (ME, DR).

f O **Clube da Unidade Baha** promove o ensinamento da Fé Baha'i: a unidade de todas as pessoas, a igualdade entre homens e mulheres e a unidade (ou unicidade) de todas as religiões. Pessoas de todas as fés e pontos de vista são convidadas para reuniões semanais para refletir e discutir sobre assuntos mundiais bem como sobre a mensagem de unidade trazida por Baha'u'llah (1817-1892), o Profeta fundador da Fé Baha'i, que teve um antecessor de nome Bab, que teria anunciado sua vinda como o Profeta. O templo-sede do movimento tem o número nove como principal motivo arquitetônico, número que é o símbolo da unidade do bahaísmo e representa as nove manifestações (Moisés, Buda, Zoroastro, Confúcio, Jesus Cristo, Maomé, Hare Krishna, Bab e Baha'u'llah) do Criador ao longo dos séculos. Os princípios Baha'i são: a unicidade da humanidade, a igualdade de mulheres e homens, a eliminação de preconceitos, a independente investigação da verdade, educação universal, tolerância religiosa, a harmonia entre ciência e religião, uma confederação universal das nações e uma língua universal auxiliar (OF, DR).

g **Mary B. Eddy** (1821-1910), que cresceu em uma Igreja Congregacional, consultou, em 1862, o Dr. Quimby por sofrer constantes ataques nervosos e de uma "inflamação na espinha" que a afetava física e mentalmente. Quimby fora um estudioso do mesmerismo (*ver próxima nota*). Portanto, a doutrina da Ciência Cristã têm raízes no ocultismo. Em 1866 Mary sofreu uma queda séria, mas não tomou os medicamentos prescritos e começou a ler os evangelhos. Ao ler sobre a cura do paralítico por Jesus e, ainda influenciada pelas ideias de Quimby, sentiu-se curada. Em 1875 publicou o livro-base *Ciência e Saúde com a Chave das Escrituras*. Em 1879 fundou a Igreja de Cristo, Cientista. No livro *Ciência e Saúde* a autora declara haver contradições na Bíblia, além de adulterar versículos; ensina que Deus não é um ser pessoal, nega a humanidade de Jesus, ensina que Jesus e Cristo são duas pessoas distintas, nega a eficácia da morte de Jesus na cruz e ensina que a matéria, o homem, o pecado e a dor não existem.

h **Franz Anton Mesmer** foi um médico austríaco (1733 -1815). Com 40 anos ele se interessou pelos efeitos dos magnetos no corpo e cria ter descoberto um princípio de cura totalmente novo envolvendo "magnetismo animal", que era diferente do magnetismo físico, e ele cria poder "magnetizar" árvores, por exemplo, que poderiam curar pessoas. Dizia haver um "fluido sutil" no universo, ao qual o sistema nervoso era responsivo e, por isso, poderia agir diretamente em outro pela telepatia, além de ver à distância (clarividência) e prever o futuro. Ele nunca mudou seu ponto de vista sobre magnetismo animal, mas retornou à Igreja Católica da qual se havia mantido afastado por boa parte da vida. Portanto, a habilidade de colocar uma pessoa em transe e, então, fazê-la realizar toda sorte de proezas incomuns foi chamada por Mesmer de "magnetismo animal" e hoje é chamada tanto de "mesmerismo" como de "hipnotismo".

i **Alma grande**, em sânscrito. É um grande discípulo do Senhor Krishna na literatura hindu. Termo utilizado no hinduísmo para descrever o indivíduo que alcançou grande conhecimento e sabedoria, a quem deve ser dado todo o respeito (DR).

j À **teosofia**, subentendido, uma vez que Wild era presidente da Sociedade Teosófica Britânica. Adepto é uma pessoa que se submeteu ao processo de iniciação e está adiantada, próxima de receber um corpo astral, que é a força de onde emana a vida no corpo humano, composta de uma substância universal, parte vital do corpo, que se separa dele e sobrevive depois da morte, e é o primeiro a elevar-se para o plano astral (dimensão ou nível do ser que fica logo acima do mundo físico) imediatamente após a morte. Teosofia é um sistema de filosofia hermética, de influências religiosas orientais, desenvolvido em 1875 por Helena Petrovna Blavatsky (1831-1891). A Sociedade Teosófica é ocultista e acredita na reencarnação como etapa necessária para alcançar a inevitável e definitiva purificação da humanidade. Entre outros ensinos anticristãos, diz que Deus é a fonte divina impessoal da qual todas as outras coisas se derivam e na qual tudo se reflete, que Jesus é divino no mesmo sentido em que todas as pessoas o são e "todos os homens se tornam cristos", que a doutrina da expiação de Cristo é perniciosa e que os seres humanos são uma extensão de Deus, o qual se encontra latente dentro de toda a humanidade. Segundo alguns autores cristãos, as raízes do estabelecimento da nova era estão nesta Sociedade.

2

O Cristão e a Força Psíquica

Já vimos como Adão foi agraciado com habilidades extraordinárias e surpreendentes quando criado por Deus. Esses poderes aparentemente miraculosos caíram com Adão. Pessoas ignorantes nesse assunto tendem a pensar que ele perdeu todos esses poderes maravilhosos em sua queda. Porém, as evidências produzidas pela parapsicologia moderna indicam que ele não perdeu seu poder original, mas que este ficou apenas escondido em sua alma. Durante os últimos cinco ou seis mil anos houve muitos entre os descrentes que foram capazes de demonstrar essa força da alma. Nos últimos cem anos mais e mais pessoas foram capazes de manifestar esse poder latente da alma. A habilidade original de Adão não foi perdida; ela está apenas escondida em sua carne.

Nesta parte do livro falarei sobre a relação entre este poder psíquico latente e um cristão. A menos que conheçamos seu perigo, não saberemos como nos prevenir contra ele. Eu convido você a observar principalmente os quatro fatos seguintes:

Quatro Fatos

(1) Havia em Adão um poder quase ilimitado, uma capacidade quase miraculosa. Nós a chamamos de poder da alma. As pesquisas

psíquicas modernas provaram a existência de tal habilidade dentro do homem. Desde a descoberta de Mesmer em 1778, todos os tipos de poder latente têm sido exibidos e manifestos, psíquica ou religiosamente. Eles são apenas a liberação da força da alma do homem. Não devemos esquecer que estes poderes da alma estavam no homem antes da sua queda, mas tornaram-se latentes nele posteriormente.

(2) Satanás deseja controlar o poder latente da alma do homem. Ele está bem ciente de que existe tal poder na alma do homem, o qual é capaz de fazer muitas coisas. Por isso, seu desejo é colocar esse poder sob seu controle e não sob o controle de Deus. Satanás quer usá-lo para seu próprio propósito. Seu alvo ao tentar Adão e Eva no jardim foi ganhar e controlar o poder da alma deles.

Tenho falado frequentemente sobre o significado espiritual da árvore do conhecimento do bem e do mal e da árvore da vida. O significado da árvore da ciência do bem e do mal é a *independência*, a tomada de ações independentes. Porém, a árvore da vida significa dependência ou confiança em Deus. Além disso, o significado dessa árvore diz-nos, adicionalmente, que a vida original de Adão era apenas uma vida humana e, por isso, precisava depender de Deus e receber a vida de Deus a fim de viver. A árvore do conhecimento do bem e do mal revela que o homem não precisa depender de Deus, mas trabalhar, viver e produzir fruto por si mesmo. Por que levanto essas questões? Simplesmente para mostrar a você a causa da queda de Adão e Eva. Se pudermos liberar o poder latente de Adão, nós também poderemos fazer maravilhas. Mas temos permissão para isso?

Satanás sabia que havia força que produzia maravilhas no homem e, por isso, tentou-o a declarar sua independência de Deus. A queda no jardim do Éden não foi outra coisa senão o homem agindo independentemente, causando sua separação de Deus. Tomando conhecimento da história da queda no jardim, podemos perceber qual foi o propósito de Satanás: ele pretendia ganhar a alma do homem. Quando este caiu, sua capacidade original e força miraculosa caíram totalmente nas mãos de Satanás.

(3) Hoje Satanás deseja liberar e manifestar o poder latente da alma. Tão logo o homem caiu, Deus aprisionou seus poderes psíquicos em sua carne. Seus muitos poderes ficaram confinados e ocultos na carne como uma força latente – presentes, mas inativos. Depois da queda, tudo o que pertence à alma ficou sob o controle do que pertence à carne e a ela escravizado. Todas as forças psicológicas são consequentemente governadas por forças fisiológicas. O objetivo de Satanás é liberar o poder da alma do homem através do rompimento da casca exterior de sua carne, a fim de libertar sua alma de seu cativeiro carnal manifestando, desse modo, seu poder latente. Esse é o sentido de Apocalipse 18.13, com respeito a fazer comércio de almas humanas. Na verdade, a alma do homem tornou-se um dos muitos artigos das mercadorias do inimigo. Ele deseja, principalmente, ter as capacidades psicológicas do homem como sua mercadoria.

No fim dos tempos, particularmente durante o tempo presente, a intenção de Satanás é concluir o que ele começou a alcançar no jardim do Éden. Embora tenha iniciado o trabalho de controlar a alma do homem no jardim, ele não foi bem sucedido, porque após a queda todo o ser do homem, incluindo o poder de sua alma, ficou sob o domínio da carne. Em outras palavras, as forças psicológicas do homem caíram sob o domínio de suas forças fisiológicas. O inimigo fracassou em fazer uso do poder da alma do homem; consequentemente, seu plano foi frustrado.

Ao longo desses milhares de anos, Satanás tem se esforçado em influenciar os homens para que expressem seu poder latente. Ocasionalmente, ele encontrou, aqui e ali, pessoas nas quais alcançou êxito em extrair-lhes a força da alma. Estes se tornaram líderes religiosos operadores de maravilhas dos séculos. Porém, nos últimos cem anos, desde a descoberta de Mesmer na parapsicologia, muitas novas descobertas de fenômenos psíquicos se seguiram. Tudo isso com um só motivo: o inimigo está procurando concluir seu trabalho anteriormente fracassado. Ele planeja liberar todos os poderes latentes dos homens. Esse é o seu único propósito, o qual vem cultivando durante milênios. Essa é a razão por que ele comercializa com as almas dos homens, além de mercadorias como ouro, prata, pedras preciosas, pérolas, gado e cavalos. De fato, ele tem exercitado sua força máxima para obter essa mercadoria especial.

(4) Como Satanás faz uso desses poderes latentes? Quais são as muitas vantagens para ele?

(a) Ele será capaz de cumprir sua promessa original feita ao homem de que "vós sereis como Deus". Com sua habilidade de operar muitas maravilhas, os homens se considerarão como deuses e adorarão não a Deus, mas a si mesmos.

(b) Ele confundirá os milagres de Deus. Ele deseja que a humanidade creia que todos os milagres na Bíblia são apenas psicológicos em sua origem, rebaixando, desse modo, seu valor. Ele quer que os homens pensem que são capazes de fazer tudo o que o Senhor Jesus fez.

(c) Ele confundirá a obra do Espírito Santo. O Espírito Santo trabalha no homem por meio do espírito humano, mas agora Satanás forja na alma dos homens muitos fenômenos semelhantes às operações do Espírito Santo, levando-os a experimentar falso arrependimento, falsa salvação, falsa regeneração, falso reavivamento, falsa alegria e outras imitações das experiências do Espírito Santo.

(d) Ele usará o homem como seu instrumento em sua oposição final contra o plano de Deus nesta última era. O Espírito Santo é o poder operador dos milagres de Deus, mas a alma do homem é o poder operador de milagres de Satanás. Os últimos três anos e meio (durante a grande tribulação) serão um período de grandes maravilhas realizadas pela alma do homem sob a direção de Satanás.

Resumindo, vemos que:

(1) todos esses poderes miraculosos já estão em Adão;

(2) o objetivo de Satanás é controlar esses poderes;,

(3) no tempo do fim Satanás está, e continuará a estar, envolvido principalmente em manifestar esses poderes; e

(4) essa é a sua tentativa de concluir sua tarefa anteriormente fracassada.

A Diferença entre as Operações de Deus e as de Satanás

Como devemos nos guardar contra o engano? Precisamos discernir o que é a operação de Deus e o que é a operação do inimigo, qual é a obra feita pelo Espírito Santo e qual é a obra realizada pelo espírito maligno. Todas as obras do Espírito Santo são realizadas através do espírito do homem, mas as obras do inimigo são feitas através da alma do homem. O Espírito Santo move o espírito humano, enquanto o inimigo move a alma do homem. Essa é a diferença básica entre as operações de Deus e as do inimigo. A obra de Deus é iniciada pelo Espírito Santo, mas a obra do inimigo começa na alma do homem.

Por causa da queda, o espírito humano está morto e não pode, por isso, comunicar-se com Deus. Quando cremos no Senhor Jesus, nós nascemos de novo. Qual é o significado de ser salvo ou nascer de novo? Isso não é apenas uma questão de terminologia; na verdade, uma mudança orgânica real ocorreu em nós. Quando confiamos no Senhor Jesus, Deus põe sua vida dentro do nosso espírito e o vivifica. Como o espírito do homem é a parte principal, assim também este novo espírito[1] que Deus põe em nós é a parte principal.

João 3.6 nos diz o que é o novo nascimento: "O que é nascido do Espírito é espírito". Ezequiel também nos informa: "[Eu, Deus,] porei dentro de vós espírito novo" (36.26). Por isso, na regeneração nós recebemos um novo espírito. Em certa ocasião o Senhor Jesus disse: "As palavras que eu vos tenho dito são espírito e são vida" (Jo 6.63). Nossa vida e obra devem, portanto, estar na esfera de ação do espírito. Quando Deus nos usa, Ele sempre opera no espírito e por meio dele. "Enchei-vos do Espírito" (Ef 5.18) indica que esse novo espírito deve ser enchido com o Espírito Santo. Em outras palavras, Deus enche nosso espírito com seu Espírito Santo.

O Espírito Santo opera em nosso espírito, mas o espírito maligno opera em nossa alma. Satanás só pode operar na alma e pelo poder da alma. Ele não tem como iniciar sua obra no espírito do homem; sua

1 Com minúscula, no original.

obra se restringe à alma. O que ele tem feito nos últimos cinco ou seis mil anos, está fazendo atualmente e continuará a fazer no futuro. Por que ele parece ser onipotente, onipresente e onisciente como Deus? Por nenhuma outra razão senão pelo que ele pode realizar com o poder da alma do homem. Podemos dizer que, enquanto o Espírito Santo é o poder de Deus, a alma do homem parece ser o poder de Satanás.

Que tristeza tantas pessoas ignorarem o fato de que muitas práticas ascéticas, respirações e meditações abstratas do budismo e taoísmo, o hipnotismo da Europa ocidental e os inúmeros prodígios vistos nas pesquisas psíquicas são apenas as manifestações do poder latente da alma do homem. Elas não sabem quão tremendo é o poder da alma.

Não consideremos isso como um problema pequeno nem o rejeitemos como pesquisa para os eruditos. Na realidade, ele tem efeitos profundos sobre nós.

Os Dois Lados do Poder da Alma

Segundo a Bíblia, o poder latente da alma parece incluir dois tipos. Isso se compara à classificação do ponto de vista psicológico. Confessamos não poder dividir nitidamente esses dois tipos; tudo o que podemos dizer é que, aparentemente, existem dois aspectos diferentes no poder latente da alma: um parece ser o tipo comum, e o outro o tipo miraculoso; um parece ser natural e o outro sobrenatural; um parece ser humanamente compreensível, o outro parece estar além da compreensão humana.

O termo "mente" na psicologia é mais amplo em seu significado do que o usado na Bíblia. O que os psicólogos dão a entender por "mente" ou "coração" inclui duas partes: consciente e subconsciente. O aspecto subconsciente é o que chamamos parte miraculosa do poder da alma. Embora os psicólogos façam distinção entre consciente e subconsciente, é com dificuldade que eles os separam. Eles apenas classificam as manifestações psíquicas mais comuns como pertencentes ao primeiro tipo (do consciente), e as manifestações extraordinárias ou miraculosas eles agrupam sob a segunda categoria (do subconsciente). Nós geralmente incluímos apenas aquelas manifestações comuns na esfera da alma, não sabendo que as manifestações extraordinárias e miraculosas são também da alma, ainda que manifestações deste tipo estejam mais relacionadas à esfera do subconsciente. Devido aos vários graus do poder latente na alma individualmente, alguns homens manifestam mais os fenômenos do primeiro tipo, enquanto outros mais do segundo tipo.

Todos os que servem ao Senhor devem prestar especial atenção a esse ponto, senão serão levados pelos poderes miraculosos enquanto tentam ajudar as pessoas. Deixe-me reiterar a diferença entre alma e espírito: a alma caída de Adão pertence à velha criação, mas o espírito do homem é a nova criação. Deus opera com o espírito do homem, pois essa é a sua vida regenerada, sua nova criação. Satanás, por outro lado, edifica com a alma do homem, isto é, a alma caída em Adão. Ele só pode usar a velha criação porque a vida regenerada na nova criação não peca.

O que Satanás Está Fazendo na Igreja Hoje

Como é que Satanás opera por meio da alma do homem e trabalha com seu poder psíquico latente? Já demos muitos exemplos no budismo, taoísmo, cristianismo[2], parapsicologia e assim por diante. Ilustremos agora com alguns exemplos como Satanás usará a alma do homem nas coisas espirituais. Isso ajudará o cristão a discernir o que é de Deus e o que é do inimigo e também a reconhecer como Deus usa o espírito do homem, enquanto Satanás usa a alma do homem.

Oração

As orações na Bíblia são inteligentes e não tolas. Quando o Senhor Jesus nos ensinou a orar, Suas primeiras palavras foram: "Pai nosso que estás nos céus". Ele nos ensinou a orar ao nosso Pai no céus, mas nós, cristãos, frequentemente oramos ao Deus em nosso quarto. Nossa oração deve ser

---

2 O autor usa esse termo aqui para referir-se ao cristianismo organizado, não à fé cristã.

oferecida ao Pai celestial para que Ele ouça. Ele quer que enviemos nossas orações aos céus pela fé, não importando se nossos sentimentos são bons ou maus ou, até mesmo, se não houver em nós sentimento. Se você ora ao Deus em seu quarto e espera ser ouvido por Ele, tenho receio de que receba muitos sentimentos estranhos, experiências miraculosas e visões de Deus em seu quarto. Elas lhe são dadas por Satanás, e qualquer coisa que você recebe de Satanás pertence ao consciente ou ao subconsciente.

Alguém pode não orar ao Deus em seu quarto, mas pode dirigir suas orações à pessoa por quem ora. Isso também é muito perigoso. Suponhamos que você tenha um amigo que esteja a mais de três mil quilômetros de você. Você ora por ele pedindo a Deus, conforme seja o caso, para reavivá-lo na Palavra ou salvá-lo. Em vez de dirigir sua oração a Deus, você se concentra em seu pensamento, sua expectativa e seu desejo e os envia a seu amigo como uma força. Sua oração é como um arco que atira seu pensamento, desejo e anseio como flechas em direção ao seu amigo. Ele será tão oprimido por essa força que acabará fazendo exatamente o que você pediu. Você pode pensar que sua oração foi respondida, mas permita-me dizer-lhe que não foi Deus quem respondeu sua oração, porque você não orou a Ele; é simplesmente uma resposta a uma oração que você dirigiu a seu amigo.

Alguém afirma que sua oração é respondida porque diz "tenho amontoado orações sobre meu amigo". É verdade, porque você orou em direção *a ele* e não em direção a Deus. Sua oração é respondida, mas não por Deus. Embora você não conheça a hipnose, o que secretamente fez satisfaz à lei do hipnotismo: você liberou sua força psíquica para realizar algo.

Por que isso é assim? Porque você não orou ao Deus no céu; pelo contrário, suas orações foram projetadas, amontoadas sobre a pessoa por quem você ora. Aparentemente você está orando, mas, na realidade, está oprimindo a pessoa com seu poder psíquico. Se você usar sua força da alma na oração por certa pessoa – suponhamos que você ore para que ela seja pelo menos disciplinada se não for punida –, a oração da sua força da alma será arremessada sobre ela, a qual consequentemente ficará doente. Este é um princípio fixo no que diz respeito à alma. É tão certo quanto uma pessoa ficar queimada se colocar seu dedo no fogo.

Por essa razão, não devemos orar pedindo que uma pessoa seja punida caso não tenha feito o que dela se esperava. Tal oração causará seu sofrimento e fará daquele que fez tal oração o autor dessa aflição. Se oramos, devemos orar a Deus e não ao homem. Eu pessoalmente já experimentei os malefícios de tal oração. Há muitos anos eu fiquei doente durante um ano. Isso aconteceu devido às orações de cinco ou seis pessoas que estavam sendo amontoadas sobre mim. Quanto mais elas oravam, mais fraco eu ficava. Finalmente eu descobri a causa. Comecei, então, a resistir a tais orações, pedindo a Deus para me desprender daquilo pelo que elas haviam orado. Então, eu melhorei. Relacionado com isso, deixe-me citar uma carta escrita por um crente:

> Passei recentemente por um terrível ataque do inimigo. Hemorragia, doença cardíaca, falta de ar e exaustão. Meu corpo inteiro está num estado de colapso. Repentinamente me veio o pensamento de resistir enquanto orava a todo o poder exercitado sobre mim pela "oração" (psíquica). Pela fé no poder do sangue de Cristo, desliguei-me de tudo aquilo e o resultado foi notável. Imediatamente minha respiração tornou-se normal, a hemorragia parou, o esgotamento desapareceu, todas as dores desapareceram e a vida voltou ao meu corpo. Desde então tenho sido reanimado e revigorado. Deus me permitiu conhecer, como confirmação dessa libertação, que minha condição era o resultado de um grupo de almas enganadas, que estavam em oposição a mim e "orando" sobre mim! Deus me usou para libertação de duas delas, mas o resto está num terrível abismo.

Poder para o Serviço

Alguém que é experimentado no Senhor pode dizer se o pregador numa reunião de reavivamento a que estiver presente está usando o poder da alma ou o poder espiritual. Certa vez, um amigo me disse que determinado pregador era muito poderoso. Como nunca havia encontrado tal homem, eu disse que não ousava julgar. Porém, escrevi algumas palavras numa caderneta e dei ao meu amigo. Eu escrevi: "Cheio de poder, mas qual poder?". Esse amigo não era tão avançado no Senhor quanto sua esposa e não entendeu o que eu havia escrito. Então, perguntou a ela, a qual, depois de ler a nota, admitiu sorrindo: "Este é um verdadeiro problema. Aquele pregador está cheio de qual poder?". Certa vez um irmão entre nós observou que se uma pessoa tinha poder ou não podia ser julgado pela forma com que esmurrava o púlpito. Precisamos discernir numa reunião se o poder de alguém é psíquico ou espiritual.

Podemos julgar esse poder sob dois aspectos: o do pregador e o do auditório. Se um pregador confia em sua experiência passada (quando pessoas se arrependeram por meio de sua pregação) e decide entregar uma mensagem segunda vez na expectativa de alcançar o mesmo resultado da primeira, ele está, sem dúvida, operando com seu poder psíquico. Ou se procura despertar as pessoas contando histórias de arrependimento, novamente estará usando seu poder psíquico.

Por outro lado, se a atitude do pregador é semelhante à de Evan Roberts[3], o vaso de Deus no reavivamento no País de Gales em 1904-1905, então seu poder da alma está recusado, porque este servo do Senhor pediu-Lhe para quebrá-lo, para quebrar seu poder da alma, para domar seu ego e bloquear tudo o que viesse dele. Aquele que ministra deve conhecer a diferença entre essas duas forças. Deve ser capaz de discernir o que é feito pelo poder da sua alma e o que é feito pelo poder de Deus.

A obra do Espírito Santo é tríplice: (1) regenerar-nos, (2) habitar em nós para que possamos produzir o fruto do Espírito e (3) vir sobre nós para que tenhamos poder para testemunhar. Sempre que a Bíblia menciona o poder do Espírito Santo, invariavelmente ela aponta para a obra de testemunhar. Isso se refere ao Espírito Santo vindo sobre nós e não ao Seu trabalho dentro de nós. Está claro que o poder do Espírito é para a obra e a habitação é para o fruto. O poder do Espírito Santo

---

3 Esse **reavivamento País de Gales** surgiu num ambiente de extremo mundanismo e de ideologias humanistas, enquanto a Igreja estava fria e indiferente. Deus, então, começou a dar um profundo encargo de oração por um despertamento espiritual a alguns homens, dentre eles Roberts, um mineiro e ferreiro de 26 anos. Ele assistia a uma reunião dirigida por outro evangelista em 1904 quando foi constrangido a dedicar-se ao serviço ao Senhor. Passou a gastar horas em oração, estudo da Bíblia e adoração e a visitar vários lugares do País de Gales, pregando o evangelho, em reuniões que duravam de 4 a 10 horas e eram marcadas por absoluta falta de formalismo e liturgia, mas plenas da presença de Deus e de liberdade no Espírito. Roberts cria que o amor de Cristo era um ímã suficientemente poderoso para atrair as pessoas. Ele não aceitava o denominacionalismo e rejeitava qualquer glória para si. Ele foi um exemplo, não de como pregar, mas de como permitir-se ser guiado pelo Espírito Santo.

sempre é mencionado no texto original da Bíblia como "vindo" ou "descendo sobre", enquanto o aspecto do Espírito Santo de produzir fruto é sempre mencionado como "habitando em".

Por que o poder capacitador do Espírito Santo é mencionado como "vindo sobre"? Porque a capacitação que o Espírito Santo dá é exterior a você. Você não pode ter certeza dela. Por isso, se numa reunião perguntarem se você está confiante de que as pessoas serão salvas, você deve confessar que não tem certeza alguma, pois tal poder é exterior a você. O poder do Espírito Santo está além do seu controle. Mas se for usar a força da alma, você pode ter plena certeza do que acontecerá. Você sabe que a sua mensagem pode levar as pessoas a chorar e se arrepender. O que é chamado de poder dinâmico é simplesmente o poder da alma.

Em determinada ocasião eu me senti sem poder. Embora outras pessoas dissessem que o que eu fazia era satisfatório, sentia-me fraco. Então, fui visitar uma idosa irmã, cheia de experiências, de nome Margaret E. Barber[4]. Eu lhe disse: "Seu poder é grande; por que eu não tenho tal poder?". Nós nos conhecíamos bem, e ela, frequentemente, me

---

4 A referência de Watchman Nee a **Margaret Emma Barber** (1866-1930) é muito singela e amorosa. Ela foi, na verdade, a irmã que mais o influenciou e ajudou espiritualmente. Ela nasceu na Inglaterra, foi para Fukien, China, como missionária anglicana e, ao voltar à Inglaterra, D. M. Panton (ver nota biográfica no apêndice *Testes para o Sobrenatural*) ajudou-a a ver as denominações do ponto de vista de Deus. Voltou, então, à China sem qualquer vínculo denominacional. Era missionária, mas sua ação restringiu-se a Kulangsu, Fukien, no que recebeu ajuda espiritual e apoio de D. M. Panton (ver carta da sra. Barber para o sr. Panton em relação ao artigo *Testes para o Sobrenatural* no apêndice). Apesar de sua maturidade espiritual, ela não é conhecida como Madame Guyon ou Jessie Penn-Lewis, nem os hinos que escreveu são tão conhecidos como os de Fanny Cosby ou Wesley. Pode-se dizer que o único fruto conhecido de seu trabalho foi o irmão Nee. Por dez anos, ela e uma companheira de oração pediram ao Senhor que enviasse um reavivamento a um lugar perto de onde moravam. Deus as ouviu e levantou ali alguns jovens que O amavam de fato. Um deles foi Watchman Nee. Ela desperdiçou sua vida cuidando desses jovens cristãos sedentos e orando intensamente por eles. Ela dizia. "Eu não quero nada para mim mesma; quero tudo para o Senhor". Ela perguntava muitas vezes ao irmão Nee: "Você ama a vontade de Deus?", não se ele obedecia. Certa vez, ela argumentou com Deus a respeito de certo assunto. Sabia o que Deus queria, e no seu coração ela também queria o mesmo, mas era-lhe algo muito difícil. Então, o irmão Nee a ouviu orando assim: "Senhor, eu confesso que não gosto disso, mas, por favor, não se dobre a mim. Espere um pouco e certamente eu vou me render a Ti". Ela não queria que Deus se rendesse a ela, diminuindo Sua exigência. Nada era importante para ela a não ser alegrar seu Mestre. Foi ela quem apresentou as obras de Panton, Sparks e Jessie Penn-Lewis ao irmão Nee, as quais contribuíram para o equilíbrio e riqueza do seu ministério.

ajudava nas questões espirituais. Ela me olhou seriamente e perguntou: "Que poder você quer: o que pode sentir ou o que não pode?". Tão logo ouvi isso, eu entendi. Por isso, respondi-lhe: "Quero o que eu não posso sentir". Então, ela disse: "Você deve lembrar que não existe necessidade de as pessoas sentirem o poder que vem do Espírito Santo. A tarefa do homem é obedecer a Deus, pois o poder do Espírito Santo não é dado para o homem sentir" (observe que sentir no espírito é outro assunto). Minha obrigação é pedir a Deus para amarrar a força da minha alma, isto é, meu próprio poder. Devo obedecer a Deus absolutamente e o resto eu deixo que Ele faça.

Se trabalharmos com a força da alma, podemos sentir esse poder apenas como fazem os hipnotizadores, os quais sabem que resultados obterão fazendo certas coisas. Eles sabem tudo, do primeiro ao último passo. O perigo do púlpito está no fato de que muitos pregadores não sabem que estão usando seu próprio poder psíquico. Eles pensam que têm poder, mas estão apenas empregando o poder psicológico para ganhar pessoas.

Alguns têm sugerido que os pregadores se tornaram especialistas no uso da psicologia na manipulação das pessoas. Mas eu fortemente repudio tal manipulação, pois, embora saibamos como atrair as pessoas pelos meios psíquicos, devemos propositalmente evitar o uso de qualquer força psíquica. Uma vez eu estava trabalhando em Shantung. Um professor disse ao seu colega: "Esses pregadores trabalham com as emoções". Aconteceu que, quando preguei para os crentes naquela tarde, eu lhes disse quão indigna de confiança e inútil era a emoção. O tal professor que ouvira do seu colega que os pregadores usam a emoção estava presente na reunião. Após ouvir minha palavra, ele disse que era uma pena que o outro professor que lhe havia falado não estivesse presente.

Lembremos que todas as obras que são feitas por meio da emoção são questionáveis e passageiras. Na obra feita por meio do poder do Espírito Santo, o homem não necessita empregar sua própria força nem fazer nada por si mesmo. Se é uma obra feita pela força da alma, é necessário que se empregue muita energia e inúmeros métodos tais como choro, grito, pulo, cântico incessante de corinhos ou a narração de muitas histórias comoventes. (Não quero dizer que os hinos e histórias não devam ser usados, só que tudo deve ser feito dentro dos limites adequados.) O emprego de tais métodos têm um só propósito: tentar despertar os ouvintes.

Sabemos que alguns indivíduos têm uma atração magnética. Mesmo não sendo mais bonitos e eloquentes do que os outros, eles podem atrair pessoas para si mesmos. Tenho ouvido frequentemente das pessoas: "Você tem grande influência sobre fulano, por que não dá um empurrãozinho nele?", ao que respondo: "Isso é inútil". Pois isso será simplesmente natural; não é nada espiritual. Muitos se confundem ao considerar o cristianismo[5] como uma espécie de fenômeno psíquico e como se pertencesse ao campo da psicologia. Realmente não podemos culpá-los, porque nós, cristãos, cometemos o erro primeiro. A menos que o poder de Deus atraia seus pais e filhos, sua atração natural, por maior que seja, não tem valor algum. Mesmo que você pudesse atraí-los com sua força dinâmica, o que adiantaria se nada fosse realmente conquistado?

Paz e Alegria

Qual é a maior conquista no cristianismo[6]? Uma união completa com Deus e uma perda total do ego. Na psicologia moderna existe também a assim chamada "união do homem com a 'mente' invisível", que faz com que ele perca sua identidade. Isso parece ser semelhante ao cristianismo, embora estejam bastante separados. O popular Dr. Frank Buchman[a] (movimento Grupo Oxford) advoga esse tipo de psicologia. Um de seus ensinamentos se relacionava com a meditação. Ele reconhecia que a meditação era tudo o que precisava para a comunicação entre o homem e Deus. Ele não pedia que as pessoas lessem a Bíblia pela manhã; ele só pedia que elas meditassem e orassem. O primeiro pensamento que viesse após a oração, ele afirmava, é o pensamento que foi dado a você por Deus. E assim você deve viver o dia todo de acordo com aquele pensamento. Quem pensaria que isso é apenas outro tipo de

5 No sentido de fé cristã.

6 No sentido de fé cristã.

assentar-se em silêncio ou de meditação abstrata? Qual é o resultado de tal meditação? Você sentirá muita paz e alegria, será a resposta. Se você dirigir seu pensamento tranquilamente sobre qualquer coisa, seja por uma hora, também alcançará o que é chamado de paz e alegria. Mesmo que você medite de forma abstrata por uma hora, sem pensar em nada, ainda não falhará em obter essa chamada paz e alegria.

As meditações de muitas pessoas são simplesmente um tipo de operação psíquica. Não é assim com a fé cristã. Não precisamos meditar em Deus porque já temos Sua vida. Podemos conhecê-lO em nossa intuição a despeito de qual seja o nosso sentimento[7]. Temos dentro de nós uma orientação intuitiva para o conhecimento de Deus. Além disso, temos a Palavra de Deus. Cremos em tudo que Sua Palavra diz. Se temos fé, podemos desprezar o sentimento. Essas são as diferenças entre a fé cristã e a psicologia.

Milagres

Examinemos os milagres. Eu pessoalmente não sou contra eles. Tenho visto casos de cura divina instantânea. Alguns declaram que podem curar enfermidades. Não nos opomos à cura, só contendemos com os métodos errados de curar. Alguns me perguntam se eu me oponho ao falar em línguas. Certamente que não, embora eu questione as línguas que são obtidas por meios impróprios. Quanto às visões e sonhos, eu também tenho visto grande luz. Reconhecemos que tais coisas existem na Bíblia, mas resisto às visões e sonhos obtidos por meio ilegais[8].

A Bíblia fala de impor as mãos e de ungir com óleo. Alguns, entretanto, ao impor as mãos sobre a cabeça de outra pessoa, esfregam-lhe com força a nuca ou o pescoço e ficam perguntando como ela se sente. Naturalmente, ao ser massageada, seu pescoço ficará aquecido. Esse é um truque baixo que até mesmo os hipnotizadores rejeitam usar. Na

---

7 De acordo com o autor, a intuição é uma função do espírito humano, enquanto o sentimento (ou emoção) é uma função da alma.

8 Ou seja, que não sejam dados por Deus; quando dados por Deus, são de acordo com a revelação de toda a Bíblia e podem ser por ela julgados.

região da nuca existem nervos que se estendem até as vértebras. Aquele que faz a massagem pode não saber que isso é um tipo de hipnotismo. O que recebe a massagem pode sentir uma corrente de calor passando por suas vértebras e ser até mesmo curado. Todavia, isso é apenas uma manifestação do poder latente psíquico do homem. A despeito de ele ficar bom, não posso considerar isso como cura *divina*.

Batismo no Espírito

Falemos sobre o batismo no Espírito Santo. Certa ocasião, quando eu estava em Shantung, também dizia às pessoas para buscá-lo. Entretanto, não aprovo as pessoas ficarem fechadas dentro de uma pequena sala jejuando por vários dias, orando e cantando corinhos. Se alguns fizerem isso, não levará muito tempo para que seu cérebro fique confuso, sua vontade se torne passiva e seus lábios comecem a produzir línguas ou sons estranhos e incoerentes. E, desse modo, o poder latente deles será liberado.

Numa reunião para busca do batismo do Espírito Santo as pessoas continuarão gritando aleluia por milhares de vezes. Eventualmente, o cérebro delas se tornará entorpecido, a mente paralisada e começarão a ter visões. Como você pode considerar isso como batismo no Espírito? Isso é tão somente batismo na alma. O que eles recebem não é o poderoso batismo do Espírito Santo, e sim a força da alma, a manifestação do poder latente da alma. Ele vem por meio do exercício humano e não da capacitação de Deus. Essa não é a maneira correta de buscar o batismo do Espírito Santo. Entretanto, existem aqueles que estão treinando outros desse modo, o qual não aprenderam pela instrução de Deus, mas por suas próprias experiências passadas.[9]

Alguns podem perguntar, depois de ler isso: "De acordo com o que você diz, é verdade que não existem milagres verdadeiros?". Naturalmente, eles existem. Damos graças a Deus por todos os milagres que vêm d'Ele.

---

9 Para melhor clareza sobre o batismo no Espírito Santo recomendamos o clássico *O Ministério do Espírito*, de A. J. Gordon, publicado por esta editora.

Mas precisamos discernir que se um milagre não vem de Deus, ele é realizado pelo poder latente e psíquico do homem. Quando eu estava em Shantung, ouvi sobre uma mulher, paralítica por muitos anos, que fora completamente curada. Se a cura dela veio verdadeiramente de Deus, dou graças a Ele.

Conhecer a Força Psíquica

A sra. Mary Baker Eddy, fundadora da Igreja de Cristo, Cientista, negou que havia morte, doença e dor; entretanto, ela morreu. Mas a Igreja de Cristo, Cientista sobreviveu a ela e continua prosperando. Seus membros ainda acreditam que uma pessoa doente não sentirá dor se crê que não está doente, que uma pessoa moribunda viverá se crê que não morrerá. Como resultado disso, muitas pessoas são curadas. Seus propagadores tentam apenas fortalecer a força psíquica do homem para alívio da doença física. Através da liberação do poder latente da alma do homem, a fraqueza do corpo é vencida.

Por causa do desenvolvimento da força latente da alma, os milagres estão aumentando atualmente. Muitos deles são altamente sobrenaturais e miraculosos. Entretanto, tudo isso é apenas manifestação do poder latente da alma. Embora eu não seja profeta, tenho lido livros sobre profecia. Aprendi que daqui por diante o poder latente da alma terá maiores manifestações, pois nos últimos dias o inimigo se apoderará da força psíquica do homem para cumprir sua obra. Se ele tiver sucesso na conquista desse poder, poderá realizar grandes prodígios.

Existem duas classes de pessoas que se apegam a dois extremos respectivamente. Uma classe insiste em dizer que não há milagre. Quando ouvem falar de milagres, tais como os de cura divina, elas se recusam a ouvir. Outra classe enfatiza tanto os milagres que não se importa com a fonte de onde procedem tais milagres: se são de Deus ou do inimigo. Hoje, devemos ser cuidadosos para não ir para nenhum dos extremos. Cada vez que virmos ou ouvirmos de um milagre realizado, devemos perguntar: isso é feito por Deus ou pelo inimigo? É feito pelo Espírito de Deus ou pela lei da psicologia humana?

Devemos usar nossas habilidades, tais como as da mente, da vontade e da emoção, para fazer coisas, mas não devemos expressar o poder latente que existe em nossa alma. A mente, a emoção e a vontade são órgãos psíquicos do homem que ele não pode deixar de usar, pois se não faz usá-los, o espírito maligno se apossará deles. Todavia, se um homem deseja usar o *poder latente* que está por trás dessas habilidades, o espírito maligno começará a lhe dar todos os tipos de milagres falsos. Todas as obras feitas pela alma e por sua lei psíquica são imitações. Somente o que é feito pelo poder do Espírito Santo é real. O Espírito Santo tem Sua própria lei de operação, a qual foi mencionada em Romanos: "A lei do Espírito da vida" (8.2). Graças a Deus, o Espírito é real e Sua lei é concreta! Milagres realizados segundo a lei do Espírito Santo vêm de Deus.

É muito difícil para os muçulmanos[b] crerem no Senhor Jesus. São comparativamente poucos os que se tornam cristãos. Mas consideremos: como é que eles oram? Eles oram em suas mesquitas três vezes todo dia. Eles dizem que se uma coisa precisa ser feita, deve-se orar unanimemente com milhares de pessoas. "Considere a multidão de maometanos em oração na grande mesquita Jumna de Déli"[c], escreve a sra. Penn-Lewis, "onde uma centena de milhares de pessoas seguidoras de Maomé se reúne dentro da mesquita, com uma multidão ainda maior entregue à oração do lado de fora". Pelo que estavam orando? Em uníssono, eles gritavam que queriam a Turquia reavivada e livre da dominação da raça branca. A força psíquica deles alcançou a vitória. "É suficiente", continua a sra. Penn-Lewis [para provar isso], "indicar a revisão do Tratado de Sèvres[d], sob o qual tudo o que estava perdido para a Turquia teve de ser restaurado. Triunfo maior de uma nação do Oriente sobre todas as nações do Ocidente colocadas juntas não pode ser imaginado. A explicação dada e crida por milhões na Índia é expressada como 'força da alma'". Infelizmente, as orações de muitos cristãos não são respondidas por Deus, mas são alcançadas pela projeção do poder latente da alma deles. Eles alcançam seus alvos de forma muito semelhante à dos muçulmanos.

Vejamos agora os poderes manifestados no hinduísmo[e]. Alguns hindus podem andar no fogo sem se queimarem, e isso não é um truque. Eles andam sobre o fogo uma longa distância, e não apenas alguns passos, pisando sobre ferro em brasa e não se ferem. Alguns deles podem deitar sobre camas com pregos pontiagudos. (Naturalmente, os que eles consideram iniciantes não podem suportar tais coisas e sentirão dor e se ferirão.) Isso também é uma questão de desenvolvimento do poder psíquico. Quão desastroso é para os crentes realizarem milagres com o mesmo poder que os hindus usam.

Enquanto ouve um sermão numa imensa catedral, você pode, quase instantaneamente, sentir se o poder da alma está em operação e se existe algo presente que parece estar incitando você. Embora o pregador possa anunciar que algumas pessoas se arrependeram e foram salvas, você precisa considerar as consequências para aqueles que proclamaram ter sido salvos, pois houve uma mistura de poder impróprio no trabalho. Se o poder viesse de Deus, o qual é do Espírito de Deus, você teria sentido luz e clareza. Porém, a força psíquica, quando usada pelo inimigo, é despertada pela presença de uma grande multidão. Sejamos hábeis para discernir a diferença a fim de não sermos enganados.

Frequentemente, nas reuniões os cristãos podem sentir uma espécie de poder pressionando-os ou, até mesmo, podem se sentir oprimidos sem qualquer motivo nos momentos de oração e leitura da Bíblia. Tudo isso vem de Satanás, que usa as forças psíquicas para nos deprimir ou atacar. Cristãos experimentados em todo o mundo estão conscientes dos ataques especialmente severos do inimigo no fim desta era. Visto que a atmosfera inteira do mundo parece estar pesadamente carregada com força psíquica, precisamos nos ocultar sob o sangue precioso do Senhor e sermos protegidos por ele.

O tempo é chegado. Satanás está estimulando todas as suas energias e usando todos os tipos de meios para despertar o poder latente da alma nos religiosos, nos cientistas intelectuais e até mesmo nos cristãos. Esse é um fato que está colocado diante de nós. Devemos pedir ao Senhor para nos conceder luz para podermos discernir.

Notas

a **Frank N. D. Buchman** (1878-1961) teve uma experiência espiritual numa capela em Keswick em 1908. Fundou um movimento de nome *A First Century Christian Fellowship* (Uma Comunhão Cristã do Primeiro Século), renomeado em 1938 para *Moral Re-Armament (MRA)* (Rearmamento Moral). O Grupo de Oxford surgiu quando um grupo daquela universidade levou para a África do Sul as ideias de mudança pessoal de Buchman. Ele enfatizava que uma mudança moral pessoal resultaria em mudança da sociedade. Seus princípios se baseavam no que chamava de Quatro Absolutos, que eram uma "destilação" do Sermão do Monte: honestidade absoluta, pureza absoluta, altruísmo absoluto e amor absoluto. Para Buchman, o guiar do homem era determinado ou por sua consciência ou por seus princípios da fé religiosa ou pelas máximas estabelecidas no taoísmo. Sua maneira de escrever e palestrar tinha um caráter extremamente místico. Com sua ênfase na experiência mais do que na doutrina, o MRA proveu um ambiente em que as pessoas de diferentes religiões e posicionamentos políticos podiam reunir-se e trabalhar juntas sem precisar comprometer a fé individual.

b **Muçulmanos** são os seguidores do islamismo. "Não há Deus além de Alá; Maomé é o profeta de Deus." Essa frase, a *Shahadah*, é o fundamento teológico da segunda maior religião do mundo depois do cristianismo. O fundador do Islã foi Maomé, nascido em 570 d.C., em Meca, capital da Arábia Saudita. Num dos frequentes retiros que fazia para uma caverna no monte Hira, nos arredores de Meca, teria recebido a visita do anjo Gabriel, e a mensagem que ali recebeu tornou-se a essência do Alcorão, livro sagrado dos muçulmanos. Maomé admitiu ser um profeta de Deus (apesar de, a princípio, ele mesmo pensar estar possuído por um espírito demoníaco), para tirar seu povo da decadência moral, da superstição e do politeísmo. Começou a pregar haver um único Deus, cujo nome é Alá. Por declarar-se o único profeta de Deus, gerou ira dos judeus de Jerusalém. Por isso, Maomé ordenou a seus seguidores que começassem a orar em direção a Meca, e não mais para Jerusalém, como era praticado comumente. Cinco exigências básicas, conhecidas como os Cinco Pilares, são requeridos de todos os adeptos do islamismo: 1. recitação diária da Shahadah; 2. As orações prescritas, chamadas *salat*, devem ser proferidas cinco vezes por dia, com o indivíduo voltado para Meca; 3. Doação de esmolas, chamadas *zakat*; 4. Um período de jejum, *siyam*, observado durante o Ramadã (junho/julho); 5. A *hajj*, ou peregrinação a Meca, que deve ser feita pelo menos uma vez na vida. Não creem na Trindade, mas num Alá caprichoso e perverso; têm Jesus em alta conta como profeta e é considerado arauto de Maomé; rejeitam a ideia de que Jesus tenha sido crucificado e ensinam que um muçulmano que espera escapar da ira de Alá e do tormento das chamas do inferno precisa esforçar-se diligentemente para cumprir os Cinco Pilares. O Alcorão afirma de forma bem clara que a salvação é alcançada por esforço e obras, negando, assim, a consumada obra salvífica de Cristo na cruz.

c **Déli** (antiga), capital do território de Déli, cidade do norte da Índia e capital do território federado de Déli. Situada às margens do rio Yamuna (ou Jumna, rio do norte da Índia, o afluente mais importante do Ganges), limita-se ao sul com Nova Déli. Entre os edifícios históricos destaca-se a Grande Mesquita.

d Tratado de Sèvres: Tratado de paz entre a Turquia e as potências aliadas (com exceção da União Soviética e dos Estados Unidos) posterior à Primeira Guerra Mundial. O acordo foi firmado em 10 de agosto de 1920, em Sèvres (França). Esse acordo desintegrava o Império Otomano e limitava a Turquia à cidade de Constantinopla e seus territórios circundantes e à parte da Ásia Menor. A Turquia teve de ceder para a Grécia vários territórios; a Armênia obteve a independência, e o Curdistão sua autonomia; Arábia, Palestina, Síria, Mesopotâmia e Egito também se separaram da Turquia, e se estabeleceu a liberdade de navegação pelos Estreitos, que ficavam sob o controle de uma comissão internacional. Também foi definido em acordo o estabelecimento de zonas de influência italiana e francesa. O Tratado, que foi aceito por Mohammed VI, sultão da Turquia, e pelo governo turco, não foi reconhecido pelo líder nacionalista Mustafá Kemal Atatürk. Como chefe da Grande Assembleia Nacional Turca, ele encabeçou a oposição ao Tratado, derrotou o governo de Istambul e estabeleceu a República da Turquia, com Angora (hoje Ancara) como capital. Suas vitórias diante dos exércitos franceses, italianos e gregos, que haviam ocupado a Turquia no final da guerra, conduziram à assinatura de novos acordos. A Conferência de Lausanne (1923), que fez a revisão do Tratado mencionado pela autora, permitiu aos turcos recuperar territórios das zonas de influência francesa e italiana, a maior parte da Armênia e Trácia Oriental, configurando, aproximadamente, o território da atual Turquia.

e **Hinduísmo**: Religião originária da Índia e praticada pela maioria de seus habitantes até hoje. Iniciadas em torno de 1500 a.C, as leis do hinduísmo definem-se mais pelas ações das pessoas do que por seus pensamentos. Em consequência, entre os hindus encontra-se maior uniformidade nas ações do que nas crenças. Muitos hindus veneram *Shiva*, *Vishnu* ou a deusa *Devi,* além de centenas de outras divindades menores. Existem práticas que são observadas por quase todos, entre elas reverenciar a *brâmane* (casta) e as vacas (consideradas animais sagrados), a proibição de comer carne, casar-se somente com um membro da mesma casta (*jati*) na esperança de ter um filho homem. A suprema autoridade são os quatro Vedas ("conhecimento", em sânscrito), que são os escritos sagrados. O mais antigo é o *Rig-Veda,* escrito entre 1300 e 1000 a.C., ao qual foram agregados o *Yajur-Veda* (livro do sacrifício), o *Sama-Veda,* de hinos, e o *Atharva-Veda,* uma coleção de hinos, encantamentos e palavras mágicas. Os hindus acreditam que o universo é uma grande esfera dentro da qual existem céus concêntricos, infernos, oceanos, continentes e que a Índia é o centro desta esfera. A vida humana é cíclica: depois de morrer, a alma deixa o corpo e renasce em outra pessoa, animal, vegetal ou mineral. Em cerimônias públicas e particulares, todos os deuses são adorados. O tema central do pensamento hindu é a doutrina do *atma* (a expressão individual do *Brama* em cada ser), *brama* (princípio criativo de toda a vida no universo; representa o Absoluto panteísta de toda a existência, a Unidade) e *carma.* O carma é a lei da justiça retributiva, em que as ações e obras de uma pessoa resultam em libertação de um nascimento anterior para um renascimento superior ou inferior no ciclo da reencarnação, dependendo das ações que foram praticadas numa existência anterior. A alma (*atma*) é apanhada nesse processo de vagueação, cujo final resulta em que *atma* e *Brama* identificam-se. O movimento Nova Era baseou-se fortemente no hinduísmo para estabelecer seu fundamento religioso (ME, DR).

3

Força do Espírito *Versus* Força Psíquica

Prosseguiremos com este tópico importante do poder latente da alma. Já vimos o que a força psíquica pode fazer e como podemos distinguir entre as coisas que são e as que não são de Deus. No fim desta era haverá muitos prodígios, milagres e feitos sobrenaturais. Serão eles realizados pelo próprio Deus ou pela operação de outra espécie de poder? Precisamos saber como separar o que é espiritual daquilo que vem da alma. Agora vamos detalhar ainda mais como o poder da alma opera, isto é, quais são seus métodos operacionais. Tal conhecimento nos ajudará ainda mais no conhecimento do que é de Deus e do que não é.

Profecias na Bíblia

Mas primeiro examinemos as Escrituras para descobrir quais são os sinais do fim desta era e anteriores à iminente volta do Senhor.

> "Surgirão falsos cristos e falsos profetas operando grandes sinais e prodígios para enganar, se possível, os próprios eleitos" (Mt 24.24).

"A besta que vi era semelhante a leopardo, com pés como de urso e boca como de leão. E deu-lhe o dragão o seu poder, o seu trono e grande autoridade. Então, vi uma de suas cabeças como golpeada de morte, mas essa ferida mortal foi curada; e toda a terra se maravilhou, seguindo a besta; e adoraram o dragão porque deu a sua autoridade à besta; também adoraram a besta, dizendo: Quem é semelhante à besta? Quem pode pelejar contra ela? Foi-lhe dada uma boca que proferia arrogâncias e blasfêmias e autoridade para agir quarenta e dois meses. (...) Exerce toda a autoridade da primeira besta na sua presença. Faz com que a terra e os seus habitantes adorem a primeira besta, cuja ferida mortal fora curada. Também opera grandes sinais, de maneira que até fogo do céu faz descer à terra, diante dos homens" (Ap 13.2-5, 12, 13).

"Então, será, de fato, revelado o iníquo, a quem o Senhor Jesus matará com o sopro de sua boca e o destruirá pela manifestação de sua vinda. Ora, o aparecimento do iníquo é segundo a eficácia de Satanás, com todo poder, e sinais, e prodígios da mentira, e com todo engano de injustiça aos que perecem, porque não acolheram o amor da verdade para serem salvos" (2 Ts 2.8-10).

Antes de explicarmos essas passagens, observe, por favor, que 2 Tessalonicenses 2.9 fala de "prodígios da mentira": os prodígios são realmente realizados, mas com o objetivo de enganar as pessoas. Esses fenômenos não são imaginários, mas reais, só que o objetivo deles é enganar.

Todas as passagens que lemos apontam para um só assunto: existem coisas que se tornarão conhecidas na grande tribulação. Entretanto, sem sombra de dúvida, alguns desses acontecimentos se darão antes do tempo da grande tribulação. Isso está de acordo com uma regra mais do que óbvia na Bíblia: antes do cumprimento de uma profecia, algo semelhante geralmente acontece como um prenúncio da sua realização final. Por essa razão, muitos eruditos em profecia concordam que as coisas que acontecerão na grande tribulação estão acontecendo agora, uma após a outra, embora a intensidade não seja como a que será nos dias futuros.

Ora, as passagens bíblicas citadas mostram a características do período da grande tribulação. Durante aquele tempo haverá grandes sinais e prodígios. Antes da vinda do Senhor, o anticristo estará particularmente interessado em realizar sinais e prodígios. Sabemos que antes de uma pessoa chegar, sua sombra é vista primeiro e sua voz ouvida antes dele. Do mesmo modo, antes da chegada da grande tribulação, sua sombra e o som dos seus sinais e prodígios já estarão presentes. Visto que os sinais e prodígios se tornarão muito comuns na grande tribulação, com certeza em nosso tempo atual eles aumentarão.

Uma Observação Pessoal

Antes de avançar mais, gostaria de fazer uma observação. Pessoalmente, não sou contra os milagres. Existem muitos deles registrados na Bíblia, os quais são muito preciosos e extremamente importantes. No passado, enfatizei como um crente precisa crescer em vários aspectos. Permita-me repeti-los mais uma vez:

(1) Depois que alguém é salvo, deve buscar o conhecimento adequado da Bíblia.

(2) Deve desejar ter progresso na vida espiritual, no que diz respeito, por exemplo, à vitória, à santidade, ao amor perfeito, e assim por diante. Isso é muito importante.

(3) Devemos ser ardentes no ganhar almas.

(4) Devemos confiar em Deus com singeleza de fé para que possamos vê-lO operando milagres.

Existem muitos defeitos na Igreja de hoje. Muitos crentes não têm outro interesse a não ser a explanação das Escrituras. O conhecimento deles é excelente, todavia não se preocupam com o crescimento na vida espiritual, e tampouco o buscam. Alguns podem ir um passo além e buscar a vida mais elevada e as coisas mais profundas de Deus, mas negligenciam os outros três aspectos. Outros ainda têm zelo, mas não têm conhecimento. Todos esses esforços desequilibrados são doentios. Não é surpreendente que, na Igreja hoje, aqueles que buscam expor a Bíblia literal ou espiritualmente, ou a vida mais profunda e mais rica ou que são zelosos em ganhar almas existem em grande quantidade, mas poucos são os que confiam em Deus com uma fé viva com o fim de obter algo d'Ele?

Todos os cristãos devem se esforçar para desenvolver igualmente esses quatro aspectos de crescimento, a fim de que não haja uma situação desequilibrada. Portanto, não sou contra os milagres; pelo contrário, eu os valorizo altamente. Entretanto, busco discernimento devido aos falsos milagres e prodígios de mentira. Por isso, ao falar sobre essas imitações, não tenho a menor intenção de me opor aos milagres em si.

Por favor, lembre que todos os milagres operados por Deus são realizados pelo Espírito Santo com a cooperação de nosso espírito. Eles nunca são realizados pela alma do homem. Satanás é quem faz uso do poder da alma do homem, daquela força psíquica que, devido à queda, está agora oculta na carne do homem. E, portanto, é inevitável que nos últimos dias Satanás levante um anticristo a quem dará seu próprio poder e autoridade, pois ele terá de confiar no poder latente da alma do homem.

Vou dar alguns exemplos que nos ajudarão a entender como certos fenômenos não são demonstrações de poder espiritual, mas são as manifestações da força latente da alma. Visto já termos tratado com o aspecto miraculoso do poder da alma, focalizaremos aqui o seu aspecto não miraculoso.

Exemplo 1: Evangelismo Pessoal

Assim como as condições psicológicas variam de uma pessoa para outra, isso também acontece com os poderes da alma. Algumas pessoas têm mente mais forte e, às vezes, podem ler os pensamentos dos outros. Alguém pode pensar que, a fim de encontrar palavras adequadas para conversar com outras pessoas, deva conhecer o pensamento delas. Essa é a maneira natural de conhecer e deve ser rejeitada.

Perdoe-me por ilustrar esse ponto com minha própria experiência. No meu contato com as pessoas, eu posso facilmente determinar seus pensamentos após uma breve troca de palavras. Eu simplesmente sei, sem qualquer razão especial. Nos primeiros tempos em que comecei a servir ao Senhor, pensei que tal percepção natural da mente dos outros seria muito útil na obra do Senhor. Mas depois de compreender melhor, não ousei usar mais minha capacidade natural. Toda vez que tal situação se levanta agora, eu imediatamente resisto a ela com oração.

Ao conversar com as pessoas, não é necessário que você saiba o que elas estão pensando. Além disso, é inútil, pois tudo o que é da alma e é feito por seu poder findará em vaidade. Se uma obra é feita pela força psíquica, ela não edificará a vida da outra pessoa, embora ela professe ter sido ajudada, pois nenhum proveito real foi depositado no fundo do seu ser. Por isso, quando um indivíduo vem a você, a coisa mais importante a fazer é pedir a Deus para mostrar como você pode ajudá-lo. Você deve dizer ao Senhor que, por não conhecer o que aquele homem está pensando nem está certo da sua condição psíquica e espiritual, você vai a Ele em total dependência para que Ele lhe dê as palavras apropriadas. O que você precisa é renunciar a si mesmo completamente a fim de receber ajuda de Deus.

Exemplo 2: Reunião de Avivamento

É bastante espantoso como muitos irmãos que pregam bastante mencionam a questão de reuniões a mim. Afirmam que se vão a um salão de cultos e encontram as luzes fracas, assistência baixa e abundância de cadeiras vazias, eles parecem perder seu poder ao se levantar para pregar. Mas se as luzes estiverem brilhando e o auditório cheio e animado, eles parecem crescer em poder. Mas que tipo de poder é este?

Posso dizer francamente que este não é outro senão o poder da sua própria força da alma. O poder do Espírito Santo nunca é afetado pela circunstância exterior. Quem quiser saber o que é pregar no poder da alma só precisa assistir a uma grande reunião lotada de pessoas e suprida com os mais finos equipamentos, ouvir os cânticos e observar os movimentos do auditório. Você poderá sentir que há um poder especial num lugar cheio. Que poder é este? Você sente uma força pressionando você? Não pode ser o poder do Espírito Santo. É o poder da alma.

Por que é considerado poder da alma? Apenas observe o que as pessoas estão fazendo. Ao cantar, elas cantam em uníssono numa direção, resultando na concentração de todos os poderes da alma gerados pela multidão.

Quão grande é este poder! Você pode ir até lá pensando em ajudá-los, mas em tal atmosfera você é que será influenciado por eles. Quão perigoso é isso! Muitos servos do Senhor me dizem a mesma história de como a quantidade de pessoas no auditório ou a atmosfera da reunião e outras coisas ajudam ou atrapalham seu trabalho. Eu sempre respondo que eles são controlados pela circunstância porque pregam em sua própria força.

Exemplo 3: Cânticos[1]

Muitas vezes o cântico é de grande ajuda na obra de Deus. Outras vezes, entretanto, ele pode ser apenas uma atividade da alma. Um grande número de pessoas gosta de visitar certos grupos de crentes porque a música lá é excelente. Alguns grupos gastam acima de um milhão de dólares simplesmente para instalar um órgão de tubos. Ouvimos pessoas dizerem que quando vão a tais lugares e ouvem o som do órgão e as vozes cantando, o espírito delas imediatamente é liberado na presença de Deus. Realmente tal coisa acontece. Mas essas pessoas são realmente levadas à presença de Deus? O espírito das pessoas pode ser liberado e aproximado de Deus por uma pequena atração como essa? É este o método de Deus?

Infelizmente, muito do ambiente nesses lugares é carnal. Eles tentam despertar a emoção do homem e estimular seu instinto religioso por meio dos sons do órgão e cânticos. Tal poder não é de Deus, mas dos hinos e da música. Nós também cantamos hinos, mas não colocamos nossa confiança neles. Somente o que é feito pelo Espírito Santo é útil; nada mais pode alcançar nosso espírito.

---

1 O declínio do cristianismo de hoje pode ser marcado pelo exagerado espaço que a música tomou nas reuniões. O lugar de destaque que, antigamente, era dado ao púlpito hoje é dado à banda, ao coral, à orquestra, ao grupo de danças, etc.. Como dizia A. W. Tozer, numa citação livre: "É muito difícil levar pessoas para uma reunião na qual o único atrativo seja Deus".

Você já esteve num lugar remoto no interior? Graças a Deus, Ele me deu a oportunidade de visitar um lugar assim. Uma vez fui a uma vila perto do mar. Todos os habitantes eram pescadores. Havia crentes espalhados por toda vizinhança dessa vila. Estes tinham reuniões com vinte, trinta e até mesmo com cinquenta ou sessenta pessoas. Sempre que se reúnem e cantam, que melodia irregular penetra seus ouvidos! Uns cantam depressa e outros devagar, resultando num lapso de alguns minutos, porque os mais rápidos já terminaram a última linha, mas devem esperar até que os mais lentos os alcancem. Você pode reunir-se sob esse tipo de circunstância? Provavelmente, morrerá de impaciência e seu poder se dissipará completamente. Um irmão me disse que, após ouvir tais irmãos cantando, não podia mais pregar. Eu respondi dizendo que havia uma razão para isso: "O poder vem de você ou de Deus?".

Você e eu geralmente consideramos as circunstâncias e somos influenciados por ela. Mas se nosso poder for do Espírito Santo, nós controlaremos a circunstância. Este é um princípio profundo ao qual cada um de nós deve se apegar. Não usemos nossa própria força psíquica a fim de que não sejamos controlados pelas circunstâncias.

Num ambiente oprimido, algumas vezes o cantar pode ser usado por Deus para libertar pessoas. Às vezes a oração também pode ajudar. Mas se fizermos do cantar ou da oração o centro, corremos o perigo de liberar o poder da alma. Muitas pessoas vivem descuidadamente durante seis dias e depois assistem à reunião da igreja no domingo. Elas ouvem o cantar de muitos hinos e se sentem aquecidas e alegres. Mas perguntamos: de onde vem esse tipo de calor e alegria? Posso provar que algo está deficiente aqui. Se uma pessoa vive descuidadamente durante seis dias e depois vai a Deus um dia, ela deveria sentir-se culpada e reprovar a si mesma. Como é, então, que o cântico faz com que ela se sinta aquecida e alegre? Isso não pode ser espiritual. Não desejo ser um crítico bitolado, mas deve ser salientado que o cântico excessivo estimula o poder da alma.

Exemplo 4: Exposição da Bíblia

Existe o perigo de se expressar o poder latente da alma até mesmo no estudo da Bíblia. Por exemplo: alguém está confuso sobre certa passagem das Escrituras. Ele não entende seu significado. Assim, pensa naquele texto o tempo todo, enquanto anda na rua ou enquanto dorme em sua cama, esteja estudando ou andando de trem. De repente, um lampejo de luz brilha sobre ele; agora, parece ser capaz de expor aquela passagem para si mesmo de forma lógica. Se tem boa memória, sem dúvida a guardará na mente; se sua memória não é tão boa, ele a escreverá num caderno de anotações. Tal interpretação repentina não é maravilhosa? Todavia, a pergunta ainda deve ser feita: essa interpretação é digna de confiança? Porque, às vezes, ela pode vir do poder da alma. Considerando seu resultado, a interpretação pode ser julgada de maneira justa, pois tal exposição nova, especial e aparentemente espiritual pode não produzir fruto espiritual. Não apenas quem teve essa interpretação pode não extrair vida espiritual dela, mas também pode não ter como comunicar vida aos outros ao dar-lhes sua interpretação. Tudo o que ele pode fazer é ajudar um pouco a mente das pessoas.

Exemplo 5: Alegria

Grande número de pessoas deseja sentir muita alegria. A chamada "gargalhada sagrada"[a] é um caso extremo do assunto. É ensinado que se uma pessoa for cheia do Espírito Santo, ela, invariavelmente, terá essa gargalhada santa. Aquele que declara possuir essa espécie de riso não pode controlar-se; sem qualquer razão ele rirá, rirá e rirá como que infectado por uma doença e parecerá estar parcialmente insano.

Em certa reunião, depois de o sermão ter sido concluído, foi anunciado que todos deveriam buscar a gargalhada sagrada. Todos começaram a bater nas mesas ou cadeiras, pulando e saltando por toda parte, até que depois de certo tempo a assim chamada gargalhada sagrada apareceu. As pessoas simplesmente olhavam uma para a outra e caíam na risada. Quanto mais pensavam nisso, mais engraçado se tornava. Por isso, não podiam se conter e continuavam rindo. O que é isso? Há possibilidade de tal coisa ser a plenitude do Espírito Santo? Isso pode ser Sua obra? Não, isso é certamente uma das obras da alma.

Menciono esse caso extremo a fim de ilustrar por meio de um "extremo" como podemos desviar-nos grandemente se, no início, temos apenas dois ou três graus de inexatidão. Quando o sr. Barlow (um amado companheiro cristão) esteve aqui se reunindo conosco, uma ajuda particular que recebi dele foi esta observação: a fim de ver se uma coisa é certa ou errada, temos apenas de aumentá-la uns cem graus[2]; isto é, não importa o que seja, leve-a ao extremo. O princípio orientador é que se estiver errado nos cem graus, a pessoa sabe que também está errado no primeiro ou segundo grau. É muito difícil julgar apenas pelo primeiro ou segundo grau; caso haja algum erro, com certeza será pequeno demais para ser identificado. Mas pelo prolongamento ou aumento da situação ou circunstância, tudo se tornará bastante distinto.

Existe um provérbio chinês que diz assim: "O desvio de um centésimo ou milésimo de centímetro terminará numa distância de mil quilômetros". Você pode começar com um erro de apenas um centésimo ou milésimo de centímetro, porém, mais tarde, se deparará com uma discrepância de mil quilômetros. A afirmação inversa seria: se examinarmos a discrepância de mil quilômetros poderemos ver o erro de um centésimo ou milésimo de centímetro.

Suponhamos que haja duas linhas que não são exatamente paralelas, mas estão afastadas uma da outra num pequeno ângulo de um ou dois graus, dificilmente perceptível a olho nu. Se você prolongar essas linhas uns centímetros mais, a distância entre elas torna-se maior. Quem poderá dizer quantas centenas de quilômetros elas estarão separadas uma da outra se forem prolongadas até os confins da Terra? A distância aos dez mil quilômetros de sua origem prova a existência de erro formado no ponto inicial.

Apliquemos agora essa norma à assim chamada gargalhada sagrada. Como as pessoas conseguem esse riso santo? Que método seguem ou que condições devem preencher? Não é outra coisa senão o pedir para rir. Existe apenas um pensamento, que é rir. Estão buscando ser cheias do Espírito? Seus lábios podem realmente proferir palavras como: "Ó Deus, encha-me com Teu Espírito"? Todavia, isso é apenas um método; o alvo da petição para serem cheias com o Espírito é algo mais

2 A palavra pode significar graus, medida de temperatura ou medida de ângulo.

do que serem cheias. Embora possam dizer isso com a boca, o desejo do coração está em outro lugar. Qual é o seu alvo? Elas querem rir e ficar alegres. Elas não oram: "Ó Deus, peço que me enchas com Teu Espírito. Eu não me preocupo com sensações exteriores. Se Tu me encheres com Teu Espírito, ficarei satisfeito, tendo ou não sentimento". Qualquer pessoa que deseje ser cheia com o Espírito de Deus deve tomar tal atitude.

Permita-me relatar uma história verdadeira. Um estudante havia se arrependido e crido no Senhor. Ele tinha um colega que professava possuir esse riso santo e dava a impressão de ser excessivamente alegre. Esse colega instou com ele para que buscasse ser cheio com o Espírito Santo, dizendo como ele era feliz da manhã ao anoitecer, sem qualquer tristeza, e afirmando quão útil tal experiência seria para o conhecimento espiritual. Considerando que esse colega era um crente e possuidor dessa experiência, o recém-salvo pensou que poderia tê-la também. Em consequência disso, começou a orar ansiosamente a Deus. Continuou em oração pedindo a Deus a experiência; pediu tanto que chegou ao ponto de perder o apetite e negligenciar seus estudos.

Mais tarde, foi ver um professor e pediu-lhe que orasse por ele. O estudante mesmo orou ardentemente e fez um voto de que não se levantaria da oração aquela noite se Deus não lhe desse o tal riso. Continuou orando até que, repentinamente, saltou e deu um grito dizendo quão alegre se sentia. Ele riu e riu. Quanto mais ria, mais alegre se sentia. Ele riu, dançou e gritou. Seu professor pensou que ele estivesse fora de si. Agindo como se fosse um médico, seu professor o segurou e disse: "Irmão, acalme-se, não aja dessa maneira". Mas quanto mais era advertido, mais violentamente reagia. Seu professor não ousou dizer mais nada temendo ofender o Espírito Santo, caso isso fosse realmente de Deus. Finalmente, o estudante foi para casa e estava melhor no dia seguinte. Ora, isso não foi nada mais do que uma grande liberação do poder da alma, pois ele havia preenchido a condição para sua liberação.

Exemplo 6: Visões e Sonhos

Atualmente muitas pessoas nas "igrejas" estão buscando ter visões e sonhos. Se alguém me perguntar se creio nisto, respondo que não me oponho a visões e sonhos. Eu mesmo tenho tido algumas experiências e, às vezes, podem ser úteis. Todavia, quero chamar a sua atenção para a fonte deles. De onde vêm: são de Deus ou não?

Quão frequentemente numa reunião alguém começa a contar que teve uma visão e isso dá origem a uma avalanche de visões, até que todos na congregação testifiquem haver tido visões e sonhos. Ouvindo sobre visões, as pessoas começam a orar pedindo a Deus para lhes dar a mesma experiência. Elas jejuarão e orarão por muitas noites se uma visão não lhes for concedida. Gradativamente, o corpo delas enfraquecerá, a mente se tornará vaga e sua vontade perderá todo o poder de resistência. Aí elas recebem o que é chamado de visões ou sonhos. Não há dúvida de que elas recebem algo, mas como recebem esses sonhos e visões? Eles vêm de Deus? Permitir que a mente fique vaga e a vontade passiva é definitivamente contra o ensino da Bíblia. Essas pessoas simplesmente hipnotizam a si mesmas.

Algumas pessoas são propensas a sonhar e parecem ter condições de interpretar seus sonhos, embora com frequência o façam de modo absurdo. Eu tive um amigo médico que parecia ter facilidade para sonhar. Cada vez que eu o via ele me contava novos sonhos e suas interpretações. Ele sonhava quase toda noite e, geralmente, tinha três ou quatro sonhos por noite. Porque acontecia isso? Era porque Deus queria muito dar sonhos a ele? Eu sei a razão. Ele era alguém que vivia a sonhar durante o dia e, por isso, sonhava à noite também. Era muito surpreendente encontrar um médico tão inteligente com pensamentos tão confusos. Sua mente desenhava quadros continuamente da manhã ao anoitecer, e não tinha como controlar seus pensamentos. O que ele sonhava à noite era o que ele tinha pensado durante o dia. Por causa disso, roguei a ele, de modo bem direto, dizendo que se não resistisse a esses sonhos, ele seria finalmente enganado e sua vida espiritual não poderia crescer. Graças a Deus ele melhorou mais tarde. A partir disso, podemos dizer que muitos dos sonhos não são de Deus, mas são simplesmente os resultados de uma mente dispersa.

Examine a Fonte

Alguns buscam visões, outros professam ter visto uma luz ou chama e outros mais declaram que tiveram sonhos. Seguindo o testemunho deles, muitos outros começam a afirmar que tiveram experiências semelhantes. Não me oponho a tais coisas, mas examino a origem delas. Elas vêm da alma ou do Espírito? É bom lembrar que qualquer coisa feita no espírito pode ser duplicada pela alma; mas qualquer coisa que é copiada pela alma serve apenas para imitar o espírito. Se não examinarmos a fonte desses fenômenos, seremos facilmente enganados. O ponto mais importante aqui não é negar essas coisas, mas sim examiná-las para ver se emergem da alma ou do espírito.

Diferenças nos Resultados

Qual é a diferença nos resultados entre a operação do espírito e a da alma? Isso nos fornecerá o principal indício para diferenciarmos entre o que é do espírito e o que é da alma. "O primeiro homem, Adão, foi feito alma vivente; o último Adão tornou-se espírito que dá vida" (1 Co 15.45 – BJ). Paulo diz aqui que o primeiro Adão foi feito alma vivente. A alma é viva. Ela tem sua vida e, portanto, capacita o homem a fazer toda sorte de coisas. Isso se refere à posição que Adão tinha. Depois o apóstolo continua: "O último Adão tornou-se espírito que dá vida". Essa palavra é digna da maior atenção; ela é bastante preciosa e significativa. A diferença nos resultados entre as operações do espírito e da alma é claramente dada aqui. A alma é viva e tem vida em si mesma. O espírito, entretanto, é capaz de dar vida aos outros e fazer com que eles vivam. A alma é viva em si mesma, mas não pode fazer outros viverem. O espírito, porém, não apenas tem vida em si mesmo como também pode fazer outros viverem. Somente o espírito é capaz de estimular pessoas para a vida. A alma, a despeito de quão forte seja, não pode comunicar vida aos outros. "O espírito", diz o Senhor, "é o que vivifica; a carne para nada aproveita" (Jo 6.63).

Devemos distinguir essas duas operações muito claramente, pois isso é da maior importância. Ninguém pode trabalhar[3] satisfatoriamente se estiver confuso neste ponto. Deixe-me repetir: a alma está verdadeiramente viva, mas não pode fazer outros viverem. O espírito, por outro lado, não apenas está vivo, mas, além disso, dá vida aos outros. É por isso que declaro com tanta ênfase que precisamos renunciar ao nosso poder da alma. Tudo o que é da alma não tem valor. Não estamos discutindo sobre terminologia, porque isso é, na verdade, um princípio de grande importância. Embora a alma seja viva, ela não tem como fazer os outros viverem. Por isso, ao ajudar alguém devemos ter por objetivo o mais profundo de seu ser e não simplesmente ajudar sua mente. Não devemos trabalhar segundo a força psíquica, visto que ela não pode salvar nem ser útil a ninguém. Quão cuidadosos devemos ser! Como devemos recusar qualquer coisa que venha da nossa alma! Pois ela não apenas não pode ajudar os outros como também é empecilho para a obra de Deus. Ela ofende a Deus como também O priva da Sua glória.

O Perigo de Trabalhar no Poder da Alma

Deixe-me usar algumas ilustrações comuns para mostrar a diferença entre as operações do espírito e da alma. Todavia, não vou mencionar aqueles casos miraculosos porque já fiz isso antes. Podemos dizer que é bastante comum na Igreja hoje trabalhar pelos meios psíquicos. Quão frequentemente os métodos psicológicos são usados nas reuniões de ministração da Palavra para atrair as pessoas! Como os métodos psíquicos são empregados nas reuniões cristãs para estimular os ouvintes. Observando os métodos usados, pode-se julgar que tipo de trabalho está sendo realizado. Deixe-me dizer francamente que muitos sermões só podem ajudar a alma das pessoas, mas não o espírito delas. Tais mensagens são dadas a partir da alma e, por isso, só podem alcançar a alma do homem e fornecer-lhe um pouco mais de conhecimento mental. Não devemos trabalhar desse modo, porque uma obra assim nunca penetra no espírito do homem.

---

3 Para Deus, subentendido.

De que modo muitas reuniões de avivamento são conduzidas? (Não sou contra o reavivamento dos crentes, devo deixar bem claro. Só estou perguntando se o modo de conduzir tais reuniões é do espírito). Não é verdade que em muitos encontros de reavivamento uma espécie de atmosfera é primeiro criada a fim de fazer com que as pessoas se sintam aquecidas e entusiasmadas? Um corinho é repetido muitas vezes para aquecer o auditório. Algumas histórias emocionantes são contadas para provocar a entrega dos testemunhos. Tudo isso não passa de métodos e táticas, mas não é o poder do Espírito Santo. Quando a atmosfera está quase aquecida plenamente, o pregador, então, se levanta e prega. Enquanto prega, ele já está ciente do tipo de resultado que alcançará naquele dia. Ele tem várias estratégias preparadas. Por meio de uma hábil manipulação, ele pode saber de antemão que certo tipo de pessoa sentirá calafrios, outro chorará e haverá confissão e tomada de decisões por Cristo.

Tal espécie de reavivamento precisa ser renovado a cada um ou dois anos, porque o efeito do "remédio" dado anteriormente passará e a antiga situação retornará. Para alguns, o efeito de um avivamento se desfará dentro de apenas umas poucas semanas ou poucos meses. Grande zelo e disposição são realmente exibidos no início de um avivamento, mas depois de pouco tempo tudo acaba e desaparece. Isso não tem outra explicação a não ser a ausência da vida.

Se a história de muitos crentes fosse registrada, elas conteriam a história dos avivamentos: avivamentos após quedas e quedas após avivamentos. O estimulante usado no primeiro avivamento tem de ser aumentado para dosagem maior no segundo. A fim de ser eficaz, o método empregado no segundo deve ser mais emotivo e comovente. Eu penso que esse tipo de método poderia ser mais bem descrito como uma injeção de "morfina espiritual". Ela precisa ser injetada vez após vez. É evidente que a alma pode apenas viver por si mesma, mas não tem poder para fazer outros viverem. Operar pelo poder da alma – ainda que as pessoas chorem, tomem resoluções e se tornem zelosas – é, falando de maneira prática, igual a nada.

O Espírito Dá Vida

O que é regeneração? É o recebimento da vida de ressurreição do Senhor Jesus. Por que a Bíblia diz que somos regenerados por meio da ressurreição do Senhor em vez de ser pelo nascimento do Senhor? Porque a nova vida recebida é mais do que a vida de Belém. A vida que nasceu em Belém ainda estava para morrer, mas a vida de ressurreição não morre nunca. "Eu sou (...) aquele que vive; estive morto, mas eis que estou vivo pelos séculos dos séculos" (Ap 1.17-18). A vida de ressurreição nunca morre, mas vive para sempre. A vida que é nascida está na carne e, portanto, pode morrer. O que recebemos na regeneração é a vida que vive para sempre e nunca morre.

O que é ressurreição? Suponhamos que haja um cadáver aqui. É absolutamente impossível ressuscitar um morto pelos meios humanos. Não importa quanta energia seja exercida e quanto calor usado, o morto não voltará à vida. A única forma de fazê-lo viver é colocar a vida de Deus nele. Essa vida que vivifica o morto é a vida de ressurreição, e isso é ressurreição.

Que situação é pior do que a morte? O que é mais frio do que a morte? Um cadáver se deteriorará e apodrecerá mais e mais, mas quando a vida de ressurreição é infundida, a morte é tragada pela vida. Consequentemente, uma pessoa regenerada é capaz de resistir a qualquer coisa que pertença à morte e rejeitar todas as coisas mortas.

O que se segue é uma ilustração que tem sido usada para explicar a ressurreição. Havia um homem que não acreditava na ressurreição. Ele era uma pessoa muito importante num círculo de ateus. Depois que ele morreu, o epitáfio sobre sua sepultura dizia: "Sepulcro Inquebrável". O túmulo havia sido construído com mármore. Um dia, surpreendentemente, aquele grande sarcófago de mármore partiu-se. Aconteceu que uma bolota[4] caiu na fenda das pedras durante a construção. Gradativamente, ela cresceu num grande carvalho e veio a romper amplamente o túmulo. Uma árvore tem vida e, por isso, pode arrombar um lugar de

4 Fruto do carvalho.

morte. Somente a vida pode conquistar a morte. Isso é regeneração, isso é ressurreição.

O espírito vivifica; somente ele pode comunicar vida. É isso que precisamos observar. Mas infelizmente existem muitos substitutos para o espírito em nossos dias.

A Alma Deve Ser Tratada

Deus só trabalha com Sua própria força; consequentemente, devemos pedir a Ele para amarrar nossa vida da alma. Cada vez que trabalhamos para Deus, precisamos primeiro tratar com nós mesmos, colocando-nos de lado. Devemos pôr de lado nossos talentos e pontos fortes e pedir a Deus para amarrá-los. Devemos dizer a Ele: "Ó Deus, quero que Tu operes, não quero depender do meu talento e poder. Peço-Te que Tu mesmo operes, porque de mim mesmo nada posso fazer".

Hoje, muitos obreiros consideram o poder de Deus insuficiente e, por isso, acrescentam o deles. Trabalhar sobre tal base não somente é inútil como também prejudicial. Lembre-se de que a obra do Espírito Santo nunca tolera a intromissão da mão do homem. Frequentemente digo que na obra de Deus o homem deve ser como uma figura no papel, a qual não tem vida e nada pode fazer. Ele precisa de um influxo de vida para capacitá-lo a trabalhar. Neguemos a nós mesmos até o ponto de nos tornar como figuras num papel, não tendo poder algum em nós mesmos. Todo o poder deve vir de cima; todos os métodos usados também devem vir de cima. Sabemos que somente o Espírito é quem vivifica. Deus opera pelo Espírito. Se desejamos que Deus opere, devemos pedir a Ele para amarrar nossa vida da alma; caso contrário, Ele não tem liberdade para operar.

"Em verdade, em verdade vos digo: se o grão de trigo, caindo na terra, não morrer, fica ele só; mas, se morrer, produz muito fruto. Quem ama a sua vida perde-a; mas aquele que odeia a sua vida neste mundo preservá-la-á para a vida eterna" (Jo 12.24-25). No grego, a palavra traduzida como "vida" aqui indica a "alma". Significa que quem quiser preservar a sua vida da alma perderá sua vida da alma, mas aquele que perder sua vida da alma preservá-la-á para a vida eterna. Esta é uma ordem singular do Senhor. Ele fala nesses termos a fim de explicar as palavras anteriores: "Se o grão de trigo, caindo na terra, não morrer, fica ele só; mas, se morrer, produz muito fruto". Primeiro morre, depois algo acontece. Se um crente não põe de lado sua própria vida da alma, o espírito nunca poderá operar e desse modo beneficiar outros. A fim de realizar uma obra mais profunda para o Senhor, precisamos tratar de forma prática com nossa alma. A vida da alma precisa ser perdida. Um grão de trigo é bom e sua cor dourada é muito bonita. Mas se for colocado sobre a mesa ele permanecerá um grão mesmo depois de cem anos. Ele nunca acrescentará mais nenhum grão. Todos os nossos poderes da alma são como aquele grão de trigo que não caiu na terra. Ele nunca pode produzir fruto.

Precisamos considerar esse problema com toda a seriedade. Aquela vida de ressurreição, que é santa e sem mácula e que agora possuímos, pode produzir muito fruto? Alguns perguntam por que não podem ajudar ou salvar as pessoas; outros indagam por que carecem de poder na obra. Muitos confessam que não têm poder. Eu respondo que eles não têm poder para trabalhar porque seu próprio poder é muito grande. Visto já possuírem grande força neles mesmos, onde está a oportunidade para Deus operar? Usando sabedoria, força, habilidade natural ou métodos próprios, os crentes bloqueiam a manifestação do poder de Deus.

Muitos fenômenos miraculosos são realizados pela força da alma e não por Deus. Como esperar resultados bons e duradouros se substituem o poder de Deus por suas próprias habilidades naturais? Muitas reuniões de avivamento parecem ser bem sucedidas no momento, mas depois voltam a zero nos resultados. Não há dúvida de que alguns avivamentos ajudam as pessoas, mas estou me referindo aqui às obras feitas por meio de métodos humanos. Posso declarar solenemente que quem almejar uma obra melhor e mais profunda não fala sobre poder. Nossa responsabilidade é cair na terra e morrer. Se morrermos, então o produzir fruto será bastante natural.

O que o Senhor diz a respeito daquele que perder sua vida, isto é, aquele que odeia a sua vida neste mundo? Essa pessoa a guardará para a vida eterna. É como se eu tivesse eloquência e, ainda assim, não quisesse usá-la. Meu coração não está colocado na eloquência; eu não a usarei como meu instrumento de trabalho, eu perco minha eloquência e me recuso a depender dela. Qual é o resultado? Eu ganho vida, isto é, sou capacitado a ajudar os outros em vida. A mesma coisa acontece com minha capacidade de gerenciar ou com qualquer outra habilidade: eu me recuso a usá-la. Em vez disso, aguardo diante de Deus. Assim, eu realmente farei bem às pessoas. Aprendamos, portanto, a não usar nosso próprio poder para que possamos dar muito fruto.

O poder deve ser obtido na base da ressurreição. Ressurreição é viver além da morte. O que precisamos é não de maior poder, mas de morte mais profunda. Precisamos resistir a todo poder natural. Aquele que não perdeu sua vida da alma não conhece nada de poder. Porém, aquele que passou pela morte está de posse da vida. Qualquer que perde sua vida da alma, à semelhança do grão de trigo que cai na terra e morre, crescerá na vida de Deus e produzirá muito fruto.

Creio que muitas pessoas são tão ricas e fortes que não dão lugar para Deus operar. Frequentemente lembro-me das palavras "desamparado e desesperançado". Devo dizer a Deus: "Tudo o que tenho é Teu; eu mesmo nada tenho. Fora de Ti, eu estou verdadeiramente desamparado e desesperançado". Devemos ter uma atitude de dependência do Senhor como se não pudéssemos respirar sem Ele. Dessa forma, devemos ver que nosso poder, assim como nossa santidade, vem totalmente do Senhor. Qualquer coisa que temos vem d'Ele. Oh! como Deus se deleita em ver-nos achegando-nos a Ele desamparados e desesperançados.

Certa vez um irmão me perguntou: "Qual é a condição para a operação do Espírito Santo?", ao que respondi: "O Espírito Santo nunca se envolve em ajudar o poder da alma. O Espírito Santo precisa levar-nos primeiro ao lugar onde não podemos fazer nada por nós mesmos". Aprendamos a recusar tudo aquilo que vem do nosso ego natural. Seja miraculoso ou comum, devemos recusar tudo o que não vem de Deus. Ele, então, demonstrará Seu poder para realizar aquilo que pretendeu fazer.

O Exemplo do Senhor

"Então, lhes falou Jesus: Em verdade, em verdade vos digo que o Filho nada pode fazer de si mesmo, senão somente aquilo que vir fazer o Pai; porque tudo o que este fizer, o Filho também semelhantemente o faz" (Jo 5.19). O Filho não pode fazer nada de *Si mesmo.* Em outras palavras, de todas as coisas que o Senhor fez, nenhuma delas Ele fez por Si mesmo. Essa é a atitude contínua do Senhor. Ele nada faz por Seu próprio poder ou por Sua própria ideia. Ele recusa qualquer coisa que possa vir d'Ele mesmo. Entretanto, existe alguma coisa errada com a Sua alma? Seu poder da alma não é bastante utilizável? Visto que Ele não tem o menor indício de pecado, para Ele não seria pecaminoso usar Seu poder da alma. Todavia, Ele afirma que o Filho nada pode fazer de Si mesmo. Se um Senhor tão santo e perfeito como Ele se recusa a usar Seu próprio poder, que dizer de nós?

O Senhor é perfeito; todavia, em toda a Sua vida Ele foi alguém que, desamparada e desesperançadamente, dependeu de Deus. Ele veio ao mundo para fazer a vontade do Pai em todas as coisas. Nós, que somos apenas uma partícula de pó, somos, na verdade, nada. Devemos pôr de lado a força psíquica e recusar qualquer coisa que venha do poder da alma antes que possamos trabalhar com força espiritual e produzir muito fruto. Que Deus nos abençoe.

Nota

a Também conhecida como "unção do riso" e "bênção de Toronto". Prática que consiste num incontrolável romper de risos motivado, segundo seus defensores, pela atuação do Espírito Santo. Geralmente, seguem-se a isso outras práticas, como urrar como um leão, pois a pessoa estaria recebendo o Leão da tribo de Judá (uma referência a Jesus Cristo), ou imitar uma águia em pleno voo, em referência a Isaías 39.31, que diz que Deus faz alguns voarem com asas de águia (DR).

PARTE 2

APÊNDICES

Como Provar os Espíritos

W. Tozer

Testes para o Sobrenatural

D. M. Panton

How to Try the Spirits
© 1978 Christian Publications Inc.

Camp Hill, Pennsylvania 17011 - EUA
Traduzido por Neyd Siqueira
Publicado no Brasil em O *Melhor de A. W. Tozer*,
por Editora Mundo Cristão, 3ª ed., 1997.
Direitos de publicação gentilmente cedidos por
Mundo Cristo e Christian Publications Inc.

Testing the Supernatural
© 1925 The Dawn Magazine, Inglaterra
Traduzido por Délcio Meireles
Publicado pela primeira vez em português por Edições Parousia,
na revista Alimento Sólido, número 3, de outubro de 1995

Revisão de tradução:
Francisco Nunes e Alessandra Schmitt Mendes
Revisão final: Gerson Lima e Paulo César de Oliveira

4

Como Provar os Espíritos

Estes são os tempos que provam a alma dos homens. O Espírito afirmou expressamente que nos últimos dias alguns se desviariam da fé, atendendo a espíritos sedutores e a doutrinas de demônios, falando mentiras com hipocrisia, tendo a consciência cauterizada a ferro quente (1 Tm 4.2). Esses dias estão sobre nós, e não podemos fugir deles; devemos triunfar em meio a eles, pois essa é a vontade de Deus para nós.

Por estranho que pareça, o perigo hoje é maior para os cristãos fervorosos do que para os mornos e os satisfeitos consigo mesmos. Aquele que busca as melhores coisas de Deus está ávido por ouvir quem quer que ofereça um caminho pelo qual possa obtê-las. Ele aspira por uma nova experiência, uma visão elevada da verdade, uma operação do Espírito que o faça transcender o nível apático da mediocridade religiosa que vê em torno de si e, por essa razão, está pronto a dar atenção a tudo o que é novo e maravilhoso em matéria de religião, especialmente se for apresentado por alguém com uma personalidade atraente e fama de superior piedade.

Nosso Senhor Jesus, o grande Pastor das ovelhas, não deixou Seu rebanho à mercê dos lobos. Ele nos deu as Escrituras, o Espírito Santo e um poder natural de observação, e espera que nos beneficiemos constantemente da ajuda deles. "Julgai todas as coisas, retende o que é bom" (1 Ts 5.21). "Amados, não deis crédito a qualquer espírito; antes, provai os espíritos se procedem de Deus, porque muitos falsos profetas têm saído pelo mundo fora" (1 Jo 4.1). "Acautelai-vos dos falsos profetas, que se vos apresentam disfarçados em ovelhas, mas por dentro são lobos roubadores" (Mt 7.15). A seguir, acrescentou as palavras pelas quais eles podem ser testados: "Pelos seus frutos os conhecereis" (v. 16).

Fica claro, então, que não só surgirão falsos espíritos, pondo em risco nossa vida cristã, como também eles podem ser identificados e conhecidos pelo que são. Como é natural, uma vez que saibamos sua identidade e conheçamos suas artimanhas, o poder deles de nos prejudicar fica anulado. "Debalde se estende a rede à vista de qualquer ave" (Pv 1.17).

Minha intenção é estabelecer um método pelo qual possamos provar os espíritos e todas as coisas religiosas e morais que se nos apresentem ou nos sejam oferecidas por alguém. Ao tratar desses assuntos, devemos ter em mente que nem todas as excentricidades religiosas são obra de Satanás. A mente humana é capaz de uma grande quantidade de atos nocivos sem qualquer ajuda do diabo. Alguns têm positivamente a especialidade de confundir-se e irão tomar a ilusão por realidade em plena luz do dia, com a Bíblia aberta diante deles. Pedro pensava nisso quando escreveu: "Tende por salvação a longanimidade de nosso Senhor, como igualmente o nosso amado irmão Paulo vos escreveu, segundo a sabedoria que lhe foi dada, ao falar acerca destes assuntos, como, de fato, costuma fazer em todas as suas epístolas, nas quais há certas coisas difíceis de entender, que os ignorantes e instáveis deturpam, como também deturpam as demais Escrituras, para a própria destruição deles" (2 Pe 3.15-16).

Acho pouco provável que os confirmados apóstolos da confusão venham a ler o que está escrito aqui ou que tirassem grande proveito caso o fizessem; mas existem muitos cristãos sensatos que foram desviados, mas são suficientemente humildes para admitir seus erros e agora estão prontos a voltar para o Pastor e Bispo de sua alma. Esses podem ser resgatados dos caminhos falsos. Mais importante ainda, existem, sem dúvida, inúmeras pessoas que não deixaram o caminho verdadeiro, mas querem uma regra mediante a qual possam provar tudo e provar a qualidade do ensino e experiência cristãos quando entram em contato com elas, dia após dia, em sua vida ocupada. Para indivíduos assim, vou contar um pequeno segredo que venho usando há muitos anos para testar minhas próprias experiências espirituais e impulsos religiosos.

Em resumo, o teste é este: essa nova doutrina, esse novo hábito religioso, essa nova visão da verdade, essa nova experiência espiritual, *de que forma afetou minha atitude com relação a Deus e minha comunhão com Ele, com Cristo, com as Sagradas Escrituras, comigo mesmo, com outros cristãos, com o mundo e com o pecado?* Com este teste, composto de sete elementos, podemos testar tudo quanto pertence à religião e saber, sem sombra de dúvida, se vem ou não de Deus. Pelo fruto se conhece a árvore. Temos, então, apenas de perguntar a respeito de qualquer doutrina ou experiência: "*o que isto está fazendo para mim?*", e saberemos imediatamente se vem do alto ou das profundezas da Terra.

Atitude em Relação a Deus

Um teste vital para toda experiência religiosa é como ela afeta nosso relacionamento com Deus, nosso conceito de Deus e nossa atitude para com Ele.

Por ser quem Ele é, Deus deve sempre manter-se como o juiz supremo de todos os assuntos religiosos. O universo veio a existir como um meio através do qual o Criador pudesse manifestar Suas perfeições a todos os seres morais e intelectuais: "Eu sou o SENHOR, este é o meu nome; a minha glória, pois, não a darei a outrem" (Is 42.8). "Tu és digno, Senhor e Deus nosso, de receber a glória, a honra e o poder, porque todas as coisas tu criaste, sim, por causa da tua vontade vieram a existir e foram criadas" (Ap 4.11).

O equilíbrio e a sanidade do universo exigem que Deus seja enaltecido em todas as coisas. "Grande é o SENHOR e mui digno de ser louvado; a sua grandeza é insondável" (Sl 145.3). Deus age apenas para a Sua glória e tudo o que vem d'Ele tem como finalidade enaltecê-lO. Qualquer doutrina, qualquer experiência que sirva para exaltá-lO terá sido provavelmente inspirada por Ele. E, de modo oposto, tudo o que oculte Sua glória ou que O faça parecer menos maravilhoso certamente foi gerado pela carne ou pelo diabo.

O coração do homem se assemelha a um instrumento musical e pode ser tocado pelo Espírito Santo, por um espírito mau ou pelo espírito do próprio homem. As emoções religiosas também são assim, não importa quem as toque. Muitos sentimentos agradáveis podem ser despertados na alma por uma adoração inferior ou até mesmo idólatra. A freira que se ajoelha "em adoração extática" diante da imagem da Virgem está tendo uma experiência religiosa genuína. Ela sente amor, temor e reverência, todas emoções agradáveis, como se estivesse adorando a Deus. As experiências místicas dos hindus e sufis[1] não podem ser postas de lado como meras pretensões. Nem ousamos desprezar os altos voos religiosos dos espíritas e outros ocultistas como mera imaginação. Eles podem ter, e algumas vezes têm, encontros reais com alguma coisa ou alguém além de si mesmos. Da mesma maneira, os cristãos são, algumas vezes, levados a experiências pessoais que transcendem o seu poder de compreensão. Encontrei alguns que me perguntaram ansiosos se a experiência que haviam tido vinha de Deus ou não.

O grande teste é este: que influência isto teve em minha relação com o Deus e Pai de nosso Senhor Jesus Cristo? Se essa nova visão da verdade - esse novo encontro com coisas espirituais - me fez amar mais a Deus, se O exaltou aos meus olhos, se purificou meu conceito de Seu ser e fez com que parecesse mais maravilhoso do que antes, posso, então, concluir que não me desviei para o caminho agradável, mas perigoso e proibido, do erro.

Atitude em Relação a Jesus Cristo

O próximo teste é: como essa nova experiência afetou minha atitude para com o Senhor Jesus Cristo?

---

1 Ramificação do islamismo que surgiu como reação contra o formalismo e as leis externas do Alcorão, que afirma que a verdade e o conhecimento devem ser buscados através da experiência pessoal. Rumi (1207-1273), um de seus escritores, defendeu e influenciou o desenvolvimento dos dervixes, que utilizam danças frenéticas como um meio de alcançar a unidade com Deus (DR).

Qualquer que seja a posição que a religião do homem conceda a Cristo, Deus Lhe deu o primeiro lugar no céu e na Terra. "Este é o meu filho amado, em quem me comprazo" (Mt 3.17), falou a voz de Deus do céu com respeito ao nosso Senhor Jesus. Pedro, cheio do Espírito Santo, declarou: "Esteja absolutamente certa, pois, toda a casa de Israel de que a este Jesus, que vós crucificastes, Deus o fez Senhor e Cristo" (At 2.36). Jesus disse a respeito de Si mesmo: "Eu sou o caminho, e a verdade, e a vida; ninguém vem ao Pai senão por mim" (Jo 14.6). Pedro falou de novo sobre Ele: "Não há salvação em nenhum outro; porque abaixo do céu não existe nenhum outro nome, dado entre os homens, pelo qual importa que sejamos salvos" (At 4.12). O livro de Hebreus inteiro é dedicado à ideia da superioridade de Cristo sobre todos. Ele é mostrado como superior a Arão e Moisés, e até os anjos são chamados para prostrar-se e adorá-lO. Paulo diz que Ele é a imagem do Deus invisível (Cl 1.15), que n'Ele habita a plenitude da divindade corporalmente (2.9) e que em todas as coisas Ele deve ter a primazia (1.18). Eu não teria tempo suficiente para falar sobre a glória concedida a Ele pelos profetas, patriarcas, apóstolos, santos, anciãos, salmistas, reis e serafins. Ele é feito para nós sabedoria e justiça, santificação e redenção (1 Co 1.30). Ele é nossa esperança, nossa vida, nosso tudo em todos, agora e para sempre.

Por ser tudo isso verdade, fica claro que Ele deve estar sempre no centro de toda verdadeira doutrina, toda prática aceitável e toda experiência cristã genuína. Tudo o que faz d'Ele menos do que Deus declarou que Ele é não passa de ilusão pura e simples e deve ser rejeitado, por mais agradável ou satisfatório que seja no momento.

Cristianismo sem Cristo parece contraditório, mas ele existe como um fenômeno real em nossos dias. Muito do que está sendo feito em nome de Cristo é falso em relação a Ele, sendo concebido pela carne, incorporando métodos carnais e buscando fins carnais. Cristo é mencionado de tempos em tempos da mesma forma e pela mesma razão que um político ambicioso menciona Lincoln e a bandeira[2], a fim de prover

2 Referência a **Abraham Lincoln** (1809-1865), considerado o melhor presidente que os Estados Unidos já teve, além de um exemplo de caráter moral, e à bandeira americana, dois símbolos da nação que despertam profundos sentimentos patrióticos.

uma fachada santa para atividades carnais e enganar os ouvintes ingênuos. O que denuncia a falsidade é o fato de Cristo não ser o centro: Ele não é tudo em todos.

Existem experiências psíquicas que emocionam o sequioso e o levam a crer que, de fato, teve um encontro com o Senhor e foi transportado ao terceiro céu; mas a verdadeira natureza do fenômeno é descoberta mais tarde quando a face de Cristo começa a esmaecer no consciente da vítima e ela passa a depender mais e mais dos êxtases emocionais para provar sua espiritualidade.

Se, por outro lado, a nova experiência tende a tornar Cristo indispensável, se tira nossos interesses de nossos próprios sentimentos e os coloca em Cristo, estamos no caminho certo. O que quer que faça Cristo mais querido para nós seguramente vem de Deus.

Atitude em Relação às Sagradas Escrituras

Outro teste revelador quanto à solidez da experiência religiosa é: como ela afeta minha atitude em relação às Sagradas Escrituras?

Essa nova experiência, essa nova visão da verdade, foi gerada pela própria Palavra de Deus ou é resultado de algum estímulo externo, fora da Bíblia? Os cristãos bondosos com frequência se tornam vítimas de pressões psicológicas fortes aplicadas proposital ou inocentemente por um testemunho pessoal ou por uma história pitoresca contada por um pregador fervoroso que, talvez, pregue com determinação profética, mas que não confrontou sua história com os fatos nem testou a validade de suas conclusões com a Palavra de Deus.

O que quer que tenha origem fora das Escrituras deve ficar sob suspeita até que venha mostrar-se de acordo com elas. Se foi descoberto ser contrária à Palavra da verdade revelada, nenhum cristão sincero irá aceitá-lo como proveniente de Deus. Por mais alto que seja o conteúdo emocional, nenhuma experiência pode ser provada como autêntica a não ser que se encontre autoridade para ela nas Escrituras. "À lei e ao testemunho" (Is 8.20) deve sempre ser a prova final.

Tudo o que seja novo ou singular deve também ser observado com uma dose de precaução até que possa oferecer prova escriturística de sua validade. Neste último meio século, várias noções não escriturísticas conquistaram aceitação entre os cristãos por alegar acharem-se entre as verdades que deveriam ser reveladas nos últimos dias. É certo, afirmam os defensores desta teoria dos últimos dias, que Agostinho[3] não sabia, nem Lutero[4], John

---

3 **Santo Agostinho de Hipona** (354-430) era filho de pai pagão e mãe cristã, Mônica. Inquieto e sedento pela verdade, passou por várias correntes filosóficas e seitas. Converteu-se e foi batizado em Milão (387). Voltou à África e formou uma comunidade monástica. Foi ordenado padre contra sua vontade, depois eleito bispo de Hipona (396), cidade onde morreu. Agostinho exerceu papel fundamental na Igreja do Ocidente. Em sua imensa obra escrita, destacam-se *A Cidade de Deus* (413-427), *As Confissões* (397) e sua correspondência pessoal. Apologista e pregador incansável (400 sermões autênticos) e, ao mesmo tempo, exegeta e teólogo, seu pensamento está centrado em dois pontos essenciais: Deus e o destino do homem. É clássica sua frase: "Senhor, criaste-nos para Ti, e nosso coração não tem paz enquanto não repousar em Ti".

4 **Martinho Lutero** (1483-1546), alemão, considerado o pai do protestantismo. Em 2 de julho de 1505 viu-se envolvido por uma tempestade que, por pouco, não lhe tira a vida. Fez, nessa oportunidade, um voto a Santa Ana que, se ficasse vivo, ingressaria num mosteiro, promessa cumprida em 17 de julho do mesmo ano, no convento da Ordem dos Agostinhos. Em 1507 foi ordenado sacerdote. Vivia, no entanto, em completo desespero, perguntando-se: "De que maneira conseguirei um Deus misericordioso?". Reconheceu rapidamente que jamais seria possível obter certeza de sua salvação mediante boas obras, pela impossibilidade de saber se são suficientes. Nos seus conflitos espirituais, o texto que lhe trouxe a luz e a paz de consciência foi Romanos 1.17, em que o apóstolo cita o profeta Habacuque: "O justo viverá por fé". Em 1517 Lutero quis provocar um debate público sobre a venda de indulgências promovidas pelo papa Leão X pregando à porta da Igreja do Castelo de Wittenberg o pergaminho com as 95 teses em latim para serem debatidas entre os acadêmicos. Em 1518 foi chamado pelo Papa para responder a um processo por isso. Numa carta, Lutero escreveu ao Papa declarando sua fiel submissão; mas reafirmou também sua doutrina da justificação pela fé somente, sem os méritos de obras. Em 1520 escreveu três livros fundamentais mostrando o antagonismo do sistema de salvação papal e o ensino bíblico: *À Sua Majestade Imperial e à Nobreza Cristã sobre a Renovação da Vida Cristã*, *Sobre a Escravidão Babilônica da Igreja* e *Da Liberdade Cristã*. Em 1521 foi levado para o Castelo de Wartburgo, onde traduziu o Novo Testamento para o alemão. Compositor e poeta, compôs trinta e sete hinos, dos quais o mais conhecido é *Castelo Forte*. Em 1534 terminou, depois de mais de dez anos de trabalho, a tradução do Antigo Testamento para o alemão. Faleceu em 1546 em sua cidade natal.

Knox[5], Finney[6] e Spurgeon[7] não compreendiam isso; mas uma luz mais forte brilhou sobre o povo de Deus e nós, que vivemos nestes últimos

5 **John Knox** (1505-1572), reformador escocês. Foi ordenado sacerdote católico no período em que João Calvino começava a Reforma em Genebra. George Wishart, cristão genuíno (provavelmente um dos precursores dos puritanos), amigo íntimo de Knox, foi queimado numa estaca em 1546, como resultado da perseguição católica aos protestantes na Escócia. O martírio de Wishart foi decisivo na vida espiritual de Knox, levando-o a renunciar ao catolicismo e a professar a fé protestante. Em Genebra, esteve sob o ensino de Calvino, que tinha por ele elevada consideração. Knox pregou muito contra o governo das rainhas, tanto na Inglaterra quanto na Escócia. A rainha Maria, da Escócia, disse certa vez: "Eu temo mais as orações de John Knox do que todos os exércitos da Europa reunidos". Como resultado de uma perseguição conjunta na França e na Escócia, em junho de 1546, Knox foi detido pelas autoridades e feito um escravo das galés por 19 meses. De um manuscrito descoberto nos anos 1870 intitulado "A prática da Ceia do Senhor usada em Berwick por John Knox, 1550", percebemos que o começo da prática Puritana na Igreja da Inglaterra em relação à administração da Ceia do Senhor pode ser achada na prática seguida por Knox em Berwick, já que ele substituiu hóstias por pão comum e substituiu o ajoelhar-se pelo sentar-se na recepção da comunhão. Gastou seus últimos anos pregando e dando aulas em Edimburgo e em St. Andrews. Quando Knox estava morrendo, pediu para sua esposa que lesse João 17 em voz alta, enquanto dizia: "Vou ler onde lancei minha primeira âncora", referindo-se a quando, muitos anos antes, como um pobre clérigo católico, crera pela primeira vez em Cristo. É autor de *History of the Reformation in Scotland* (A História da Reforma na Escócia) e de muitos tratados e cartas, e reconhecido como um dos gigantes da história da Igreja.

6 **Charles Grandison Finney** (1792-1875) foi educador, pastor, teólogo e evangelista. Começou a ministrar logo após o Segundo Avivamento nos EUA (ocorrido sob a liderança de Jonathan Edwards e George Whitefield). Advogado presbiteriano, Finney teve uma forte experiência pentecostal e deixou a profissão, tornando-se pregador no Estado de Nova York. Sua *Systematic Theology to the Westminster Confession* (Teologia Sistemática para a Confissão de Westminster) revela que sua teologia toda estava relacionada à moralidade humana. Em outras palavras, Finney não escreveu realmente uma teologia sistemática, mas uma coleção de ensaios éticos. Isso se explica, em parte, pelo fato de ele ter exercido seu ministério em um tempo em que os protestantes americanos estavam sendo fortemente influenciados pela teologia liberal e pelo mundanismo. Por isso, o avivamento de Finney teve tanta relação com questões sociais. Era homem de intensa vida de oração e é considerado um dos maiores evangelistas de todos os tempos.

7 **Charles Haddon Spurgeon** (1834-1892), inglês, filho de pais congregacionalistas. Foi salvo aos 15 anos, ao ouvir um inculto pregador metodista leigo falar sobre Isaías 45.22. Imediatamente, começou a trabalhar para o Senhor. Tornou-se batista por entender, pela Bíblia, que o batismo deve seguir o crer. Pregou pela primeira vez com 17 anos. Foi chamado para ser pastor da *New Park Street Church*, uma das maiores igrejas batistas em Londres (1854). Imediatamente multidões começaram a vir para ouvir o jovem ministro e as conversões eram numerosas. Por causa do aumento do número de membros e ouvintes, em 1854, a igreja começou a construir o *Metropolitan Tabernacle*, que foi concluído em 1861, no qual Spurgeon pregou até a morte. Em 1855 seus sermões começaram a ser publicados semanalmente; a série completa deles foi concluída em 1917 com 63 volumes. A teologia de Spurgeon fluía de sua experiência com Deus e com Sua Palavra. Sua vida espiritual e sua teologia eram uma mesma coisa. Era um devorador de livros. É considerado o "príncipe dos pregadores". Certa vez, perguntado sobre o segredo do sucesso de sua pregação, respondeu: "Meu povo ora por mim". Sua principal obra é *The Treasury of David* (O Tesouro de Davi), um comentário ao livro de Salmos, no qual, além de seus próprios comentários, incluiu mais de 400 de outros autores. Publicou ainda muitos livros (como *Lectures To My Students* [Lições para Meus Alunos]), panfletos e artigos. Lamentavelmente, poucas de suas obras estão disponíveis em português.

dias, temos a vantagem de uma revelação maior. Não devemos questionar a nova doutrina nem fugir desta experiência mais avançada. O Senhor está preparando sua Noiva para a ceia das bodas do Cordeiro. Devemos todos ceder a esse novo movimento do Espírito. É o que nos dizem.

A verdade é que a Bíblia não ensina que haverá uma nova luz e experiências espirituais mais avançadas nos últimos dias; *ela ensina justamente o oposto*. Nada em Daniel ou no Novo Testamento pode ser manipulado a fim de defender a ideia de que nós, que vivemos no final da era cristã, iremos receber luz que não foi conhecida no início. Suspeite de todo homem que alegue ser mais sábio do que os apóstolos ou mais santo do que os mártires da Igreja primitiva. A melhor maneira de lidar com ele é levantar-se e sair da sua presença. Você não pode ajudá-lo e ele, com certeza, não ajudará você.

Uma vez, porém, que as Escrituras nem sempre sejam claras e que existem diferenças de interpretação entre homens igualmente sinceros, este teste irá fornecer toda a prova necessária com relação a qualquer assunto de religião, a saber: como ele afeta meu amor e minha apreciação pelas Escrituras?

Embora o verdadeiro poder não esteja na letra do texto, mas no Espírito que o inspirou, jamais devemos subestimar o valor da letra. O texto da verdade tem a mesma relação com ela, assim como o favo tem com o mel. Um serve de receptáculo para o outro. Mas a analogia termina aí. O mel pode ser removido do favo, mas o Espírito da verdade não pode operar e não opera à parte da letra das Sagradas Escrituras. Por essa razão, uma familiaridade crescente com o Espírito Santo sempre significa um amor cada vez maior pela Bíblia. As Escrituras são, na forma impressa, aquilo que Cristo é em pessoa. A Palavra inspirada é como um retrato fiel de Cristo. Mas, de novo, o símbolo não é perfeito, pois Cristo está na Bíblia como ninguém pode estar num simples retrato, já que a Bíblia é um livro de ideias santas, e a Palavra eterna do Pai pode habitar e habita no pensamento por Ele mesmo inspirado. Os pensamentos são coisas, e os pensamentos das Sagradas Escrituras formam um templo grandioso para a habitação de Deus.

Segue-se, então, naturalmente, que aquele que ama de fato a Deus será alguém que ama de fato Sua Palavra. Tudo o que venha a nós por parte do Deus da Palavra irá aprofundar nosso amor pela Palavra de Deus. Esta é uma sequência lógica, mas temos a confirmação de uma testemunha muito mais digna de confiança do que a lógica, ou seja, o testemunho combinado de um grande exército de testemunhas, vivas e mortas. Elas declaram a uma voz que seu amor pelas Escrituras intensificou-se à medida que cresceu sua fé e sua obediência tornou-se consistente e jubilosa.

Se a nova doutrina, a influência desse novo professor, a nova experiência emocional vier a encher meu coração com uma ávida fome de meditar sobre as Escrituras dia e noite, tenho toda razão para crer que Deus falou à minha alma e que minha experiência é genuína. De modo contrário, se meu amor pelas Escrituras esfriou um pouco, se minha ansiedade em comer e beber da Palavra inspirada abateu-se mesmo numa escala mínima, devo humildemente admitir que deixei de ver o sinal de Deus em algum ponto e voltar atrás imediatamente até encontrar de novo o verdadeiro caminho.

Efeito na Vida do Ego

Podemos também provar a qualidade da experiência religiosa por seu efeito sobre a vida do ego.

O Espírito Santo e o ego humano decaído são diametralmente opostos. "A carne milita contra o Espírito, e o Espírito, contra a carne, porque são opostos entre si; para que não façais o que, porventura, seja do vosso querer" (Gl 5.17). "Os que se inclinam para a carne cogitam das coisas da carne; mas os que se inclinam para o Espírito, das coisas do Espírito. (...) Por isso, o pendor da carne é inimizade contra Deus, pois não está sujeito à lei de Deus, nem mesmo pode estar" (Rm 8.5, 7).

Antes que o Espírito de Deus possa operar criativamente em nosso coração, Ele precisa condenar e matar a "carne" dentro de nós; isto é, Ele precisa ter nosso pleno consentimento para substituir nosso ego natural pela Pessoa de Cristo. Essa substituição é cuidadosamente explicada em Romanos 6, 7 e 8. Quando o cristão sequioso passa pela experiência da crucificação descrita nos capítulos 6 e 7, ele é introduzido nas regiões mais amplas e livres do capítulo 8, e nelas o ego é destronado e Cristo é entronizado para sempre.

Sob esta luz, não é difícil ver por que a atitude do cristão em relação ao ego é um excelente teste da validade de suas experiências religiosas. A maioria dos grandes mestres da vida interior, tais como Fenelon[8], Molinos[9],

8 **François de Salignac de la Mothe-Fénelon** (1651-1715). Em 1675 foi ordenado sacerdote católico. Por volta de 1696 teve contato com Madame Guyon. Os líderes católicos da época começavam a questionar a "ortodoxia" das teorias de Madame Guyon. Após examinar os escritos dela, uma comissão deu seu veredicto que, assinado por Fénelon e demais membros da comissão, condenava de maneira muito breve as ideias de Madame Guyon e dava uma rápida exposição do ensinamento católico sobre oração. Madame Guyon submeteu-se à condenação, mas seus ensinamentos espalharam-se pela Inglaterra. Fénelon recusou-se a assinar uma explanação sobre o veredicto, alegando que sua honra o impedia de condenar uma mulher que já estava condenada. Para explicar seu próprio ponto de vista sobre o veredicto da comissão, apressou-se em publicar o livro *Explication des Maximes des Saints* (Explicação das Máximas dos Santos), o qual levantou muita oposição da liderança católica. O próprio Fénelon submeteu seu livro ao julgamento da Santa Sé, em 1697. Após mais de dois anos de exame, o livro foi condenado como "ofensivo aos ouvidos piedosos". Fénelon submeteu-se à decisão, provavelmente não de maneira genuína. Depois disso, dedicou-se a cuidar de sua diocese, a escrever sobre política, educação de filhos e cultura, além de combater as "heresias" protestantes. No entanto, toda a sua obra posterior mostra quanto foi ajudado por Madame Guyon, motivo pelo qual seus livros são apreciados pelos que buscam a vida cristã profunda.

9 **Miguel de Molinos** (1640-1696), espanhol, sacerdote católico, fundador do quietismo (do latim *quies, quietus*, passividade). Foi acusado por jesuítas e dominicanos de ensinamentos perniciosos; por isso, a Inquisição ordenou que seus livros fossem examinados. O Santo Ofício ordenou sua prisão; em 1687 foi declarado herege e sentenciado à prisão perpétua. Seus ensinamentos, por contrariarem a necessidade de obras para a salvação, a utilidade dos sacramentos, da confissão, das fórmulas repetitivas de oração e a submissão à autoridade papal, foram considerados heréticos. Todas as suas obras foram proibidas e condenadas. Ele tinha centenas de seguidores e, na França, o semiquietismo de Fénelon e Madame Guyon tomaram de Molinos o ensinamento sobre o "amor puro". Escreveu *La Devoción de La Buena Muerte*, *La Guía Espiritual* e *Tratado de la Comunión Cuotidiana*. O quietismo ensinado por Molinos diz que a alma deve ser levada a um estado de autoaniquilação, no qual ela ame a Deus simplesmente pelo que Ele é, não pelo temor do castigo ou pela esperança de recompensa. Isso é o "amor puro".

João da Cruz[10], Madame Guyon[11], e muitos outros, advertiram contra as experiências pseudorreligiosas que suprem muito gozo carnal, mas alimentam a carne e enchem o coração de amor-próprio.

Uma boa regra é esta: se essa experiência serviu para humilhar-me e me tornar pequeno e vil aos meus próprios olhos, vem de Deus; mas se ela me proporcionou um sentimento de autossatisfação, é falsa e deve ser abandonada como emanando do ego ou do diabo. Nada que venha

---

10 **João da Cruz** (1542-1591), fundador, juntamente com Santa Tereza, da Ordem dos Carmelitas Descalços, que se propunha a voltar às antigas regras da ordem sem as "suavizações" estabelecidas por alguns papas. Foi aprisionado, em dezembro de 1577, por não aceitar instruções de seu superior eclesiástico e sofreu por mais de nove meses numa cela estreita e sufocante. Algumas de suas mais sensíveis poesias datam deste período. Escapou de maneira miraculosa da prisão em agosto de 1578. Escreveu obras sobre teologia mística, sobre o Cântico dos Cânticos, cartas, poemas, máximas. Suas obras não revelam ter recebido influência de autores místicos anteriores; por isso, ele pode ser chamado de místico empírico. Dizia que a alma precisa esvaziar-se do ego a fim de ser enchida com Deus, que ela precisa ser purificada dos últimos traços do lixo deste mundo antes de tornar-se unida a Deus. Sua teologia se confrontava com a dos quietistas, e isso serviu para a purificação de ambos os movimentos.

11 **Jeanne-Marie Bouvier de la Motte-Guyon** (1648-1717), francesa, foi educada em conventos e, desde pequena, demonstrou desejo de ser fiel ao Senhor. Mas por ser muitíssimo bonita e por ser atraída pelo mundo, muitas vezes esqueceu suas promessas de fidelidade ao Senhor. Casou-se com um homem inválido, 22 anos mais velho que ela (1664). Isso levou-a a buscar a comunhão íntima com Deus. Em 1668 teve a plena experiência de sua salvação pela fé em Cristo. Depois disso, perdeu o interesse pelas coisas mundanas e gastava seu tempo em oração. Em 1670 foi vítima da forma mais virulenta de varíola, que destruiu sua beleza. "Mas a devastação exterior foi contrabalançada pela paz interior", ela testemunhou. Até 1676 sofreu a perda de filhos, do marido, do pai e de uma grande amiga. Mas tudo isso serviu apenas para que ela aprofundasse sua experiência com Deus. De 1674 a 1680 ela perdeu a presença de Deus, aprendendo, então, a andar por fé, não por sentimentos. Após isso, levou muitos à regeneração e à experiência da "morte do ego". O grande número de pessoas que, após ter contato com Madame Guyon, deixaram o mundanismo e o pecado e se consagraram a Deus despertou o ciúme de líderes católicos e mestres mundanos, que passaram a perseguir Guyon, Fénelon e La Combe, membros do clero católico que receberam sua ajuda. Foi denunciada como perigosa e seguidora de Molinos. Em consequência, foi presa e permaneceu na prisão por meses. Seus escritos foram examinados e condenados por um arcebispo católico, mas Madame Guyon continuou seus ensinamentos e, por isso, foi detida quatro vezes, a última das quais por quatro anos (1694-1702). Escreveu cerca de sessenta obras e compôs poemas e hinos, como: *I Love My Lord, but with No Love of Mine* (Eu Amo meu Senhor, mas não com meu Amor) e *Long Plunged in Sorrow* (Longo Mergulho na Aflição). Escreveu cartas para católicos e protestantes na França, Holanda, Alemanha e Inglaterra. Seus escritos, como *Experimentando as Profundezas de Jesus Cristo Através da Oração* e sua *Autobiografia*, ambos publicados por esta editora, influenciaram grandemente Jessie Penn-Lewis, que os comentou, e homens como Sparks, Wesley e Watchman Nee.

da parte de Deus irá aumentar meu orgulho ou autossatisfação. Se me vejo tentado a ser complacente e a sentir-me superior por ter tido uma visão notável ou uma experiência espiritual avançada, devo ajoelhar-me imediatamente e arrepender-me de tudo o que aconteceu. Caí vítima do inimigo.

Atitude em Relação aos demais Cristãos

Nossa relação e nossa atitude com os demais cristãos é outro teste definitivo de nossa experiência religiosa.

O cristão sincero, depois de uma maravilhosa experiência espiritual, pode, às vezes, afastar-se de seus irmãos na fé e desenvolver um espírito crítico. Ele pode estar sinceramente convencido de que sua experiência é superior, que ele se acha agora num estado avançado de graça e que os membros de sua igreja não passam de uma multidão mista, sendo ele o único e legítimo filho de Israel. Ele pode esforçar-se para mostrar paciência com esses religiosos mundanos, mas sua linguagem suave e sorriso condescendente revelam sua verdadeira opinião sobre eles – e sobre si mesmo. Esse estado de mente é perigoso, e tanto mais perigoso porque pode justificar-se pelos fatos: o irmão *teve* uma experiência notável, ele *recebeu* uma luz maravilhosa sobre as Escrituras, ele *entrou* numa terra esplêndida que lhe era desconhecida antes. Pode ser também absolutamente verdade que os cristãos professos de suas relações sejam mundanos, apáticos, sem qualquer entusiasmo espiritual. Ele está enganado, mas não são seus fatos que provam isso, mas sua reação aos fatos é carnal. Sua nova espiritualidade o tornou menos caridoso.

Lady Juliana[12] nos conta, em seu inglês castiço, como a verdadeira graça cristã afeta nossa atitude em relação aos outros: "Pois, acima de

---

12 **Lady Juliana de Norwich** (1342-c. 1429), mística contemplativa inglesa, autora do primeiro livro escrito em inglês por uma mulher. Aos trinta anos, ficou gravemente enferma. Subitamente, porém, ficou curada e teve quinze revelações, ou "mostras", do amor de Deus centrado na cruz do Senhor. Tornou-se uma ermitã, morando numa pequena cela anexa à Igreja de St. Julian, e devotou o resto da vida à oração e consideração do significado de suas visões. O resultado de suas meditações foi o livro *Revelations of Divine Love* (Revelações do Divino Amor), considerado clássico no que se refere à oração e contemplação. Ela também participou dos *Friends of God* (Amigos de Deus), um grupo de místicos europeus que partilhavam seus textos contemplativos e apoiavam uns aos outros em sua obra de oração. Esse grupo existe até hoje.

tudo, a contemplação e o amor do Criador faz a alma menor a seus próprios olhos, e a enchem de temor reverente e sincera humildade, com abundantes sentimentos caridosos em relação aos irmãos em Cristo". Qualquer experiência religiosa que deixe de aprofundar nosso amor pelos cristãos pode ser, com certeza, desconsiderada por ser falsa.

O apóstolo João faz do amor por nossos companheiros cristãos um teste para a verdadeira fé. "Filhinhos, não amemos de palavra, nem de língua, mas de fato e de verdade. E nisto conheceremos que somos da verdade, bem como, perante ele, tranquilizaremos o nosso coração" (1 Jo 3.18-19). E de novo repete: "Amados, amemo-nos uns aos outros, porque o amor procede de Deus; e todo aquele que ama é nascido de Deus e conhece a Deus. Aquele que não ama não conhece a Deus, pois Deus é amor" (4.7-8).

À medida que crescemos na graça crescemos em amor para com o povo de Deus. "Todo aquele que crê que Jesus é o Cristo é nascido de Deus; e todo aquele que ama ao que O gerou também ama ao que Dele é nascido" (1 Jo 5.1). Isso significa simplesmente que se amarmos a Deus iremos amar também a Seus filhos. Toda verdadeira experiência cristã irá aprofundar nosso amor pelos demais cristãos.

Devemos, então, concluir que tudo o que nos separa pessoalmente, ou no coração, de nossos irmãos em Cristo não vem de Deus, mas é da carne ou do diabo. E, de maneira oposta, tudo o que nos leva a amar os filhos de Deus vem provavelmente de Deus. "Nisto conhecerão todos que sois meus discípulos: se tiverdes amor uns aos outros" (Jo 13.35).

Atitude para com o Mundo e a Relação com Ele

Outro teste seguro para a fonte de nossa experiência religiosa é este: notar como ela afeta nossa relação com o mundo e nossa atitude para com ele.

Por "mundo" não estou indicando, naturalmente, a maravilhosa ordem da natureza criada por Deus para desfrute da humanidade. Nem me refiro ao mundo dos homens perdidos, no sentido usado por nosso Senhor quando disse: "Deus amou ao mundo de tal maneira que deu o seu Filho unigênito, para que todo o que nele crê não pereça, mas tenha a vida eterna. Porquanto Deus enviou o seu Filho ao mundo, não para que julgasse o mundo, mas para que o mundo fosse salvo por ele" (Jo 3.16-17). Todo e qualquer toque de Deus na alma irá, com certeza, aprofundar nossa apreciação das belezas da natureza e intensificar nosso amor pelos perdidos. Refiro-me aqui a uma coisa completamente diferente.

Vejamos isso nas palavras de um apóstolo: "Tudo que há no mundo, a concupiscência da carne, a concupiscência dos olhos e a soberba da vida, não procede do Pai, mas procede do mundo. Ora, o mundo passa, bem como a sua concupiscência; aquele, porém, que faz a vontade de Deus permanece eternamente" (1 Jo 2.16-17).

Esse é o mundo pelo qual podemos testar os espíritos. É o mundo do desfrute carnal, dos prazeres ímpios, da busca pelos bens e pela fama desta Terra e pela felicidade pecaminosa. Ele segue seu curso sem Cristo, seguindo o conselho dos perversos e sendo animado pelo príncipe da potestade do ar, o espírito que opera nos filhos da desobediência (Ef 2.2). Sua religião é uma forma de divindade, sem poder (2 Tm 3.5), que tem fama de estar viva, mas está morta (Ap 3.1). Trata-se, em resumo, da sociedade humana não regenerada, seguindo alegre a caminho do inferno, o exato oposto da verdadeira Igreja de Deus, que é uma sociedade de almas regeneradas seguindo, sóbria e jubilosamente, seu caminho para o céu.

Qualquer operação real de Deus em nosso coração tenderá a nos separar da companhia do mundo. "Não ameis o mundo nem as coisas que há no mundo. Se alguém amar o mundo, o amor do Pai não está nele" (1 Jo 2.15). "Não vos ponhais em jugo desigual com os incrédulos; porquanto que sociedade pode haver entre a justiça e a iniquidade? Ou que comunhão, da luz com as trevas?" (2 Co 6.14). Podemos afirmar, sem qualquer dúvida, que todo espírito que permite compromisso com o mundo é um falso espírito. Qualquer movimento religioso que imite o mundo em qualquer de suas manifestações é falso em relação à cruz de Cristo e está ao lado do diabo – e isto sem considerar os esforços de seus líderes em convencer você de "aceitar Cristo" ou "deixar que Deus governe seus negócios".

Atitude em Relação ao Pecado

O último teste para a autenticidade da experiência cristã é: o que ela faz com relação à nossa atitude em relação ao pecado?

A operação da graça no interior do coração de um crente irá voltar esse coração do pecado e orientá-lo à santidade. "A graça de Deus se manifestou salvadora a todos os homens, educando-nos para que, renegadas a impiedade e as paixões mundanas, vivamos, no presente século, sensata, justa e piedosamente, aguardando a bendita esperança e a manifestação da glória do nosso grande Deus e Salvador Cristo Jesus" (Tt 2.11-13).

Não vejo como isso possa ser mais claro. A mesma graça que salva ensina, e seu ensinamento é tanto positivo como negativo. No aspecto negativo, ela nos ensina a negar a impiedade e os desejos mundanos; no aspecto positivo, ensina-nos a viver sensata, justa e piedosamente neste mundo.

O homem sincero não encontrará dificuldade nisso. Ele precisa apenas verificar suas próprias inclinações a fim de saber se está preocupado em grau maior ou menor quanto ao pecado em sua vida desde que a suposta obra de graça foi realizada. Qualquer coisa que enfraqueça seu ódio pelo pecado pode ser imediatamente identificada como falsa para com as Escrituras, o Salvador e sua própria alma. O que quer que torne a santidade mais atraente e o pecado mais intolerável pode ser aceito como genuíno. "Tu não és Deus que se agrade com a iniquidade, e contigo não subsiste o mal. Os arrogantes não permanecerão à tua vista; aborreces a todos os que praticam a iniquidade " (Sl 5.4-5).

Jesus advertiu: "Surgirão falsos cristos e falsos profetas operando grandes sinais e prodígios para enganar, se possível, os próprios eleitos" (Mt 24.24). Essas palavras descrevem perfeitamente nossa época para serem mera coincidência. Na esperança de que os "eleitos" possam tirar proveito delas, estabeleci esses testes. O resultado está nas mãos de Deus.

5

Testes para o Sobrenatural

A Igreja hoje depara-se com uma inundação de manifestações sobrenaturais. Movimentos espirituais tremendos estão surgindo em todas as partes do mundo. Repentinamente, o discípulo pode individualmente confrontar-se com o sobrenatural. Como consequência, é impossível evitar um grave dilema: se assumirmos que tudo quanto é sobre-humano é divino ou, pelo menos, bom, corremos o risco de cair no abraço do anticristo (2 Ts 2.9[1]). Se, por outro lado, rejeitamos o sobrenatural por considerá-lo como necessariamente mau, corremos o risco de condenar como satânicos milagres que verdadeiramente procedem de Deus. Envolvidos como estamos, queiramos ou não, nos últimos conflitos entre céu e inferno, a descoberta de um critério que permita distinguir o milagre divino do satânico torna-se de importância suprema.

Ser Sincero é Suficiente?

Além disso, é certo que a graça sozinha não é critério suficiente. Apesar da reconhecida devoção, sinceridade e oração, Deus não tem evitado que crentes caiam em erros graves no campo da doutrina; por

1 "Ora, o aparecimento do iníquo é segundo a eficácia de Satanás, com todo poder, e sinais, e prodígios da mentira."

que devemos esperar que Ele torne impossível errarmos no tocante aos dons miraculosos, pelo fato de termos a devoção, a sinceridade e a oração como fundamento? Pois se essa expectativa for verdadeira, como o deão Goode observa com precisão, "ela, de uma vez, *descristianiza* todos, exceto aqueles que recebem 'os dons'. Ora, se Deus não permitirá que nenhum cristão verdadeiro seja confundido nesta questão, então, segue-se que se estes são realmente os 'dons extraordinários do Espírito', aqueles que não os receberem não podem ser cristãos verdadeiros" (*Modern Claims to the Gifts of the Spirit* [Reivindicações Modernas para os Dons do Espírito], p. 250). As Escrituras não apresentam em lugar algum a santidade de vida ou a sinceridade de coração como substitutos para testes verbais claros ou como, em si mesmos, testes para o sobrenatural.

Pois a história tem demonstrado o perigo. Provavelmente nenhum filho de Deus jamais acolheu um espírito enganador sem primeiro submetê-lo a algum teste. Mesmo assim, às margens da história estão espalhados os destroços da sedução sobrenatural. Repetidamente, os discípulos têm, em vão, confiado *naquilo que não constitui teste:* sua posição, sua santidade, sua experiência, a invocação do sangue e outros, em vez de confiar no *único critério* dado por Deus, que é a aplicação daquela parte da Sua Palavra que se relaciona com um visitante do mundo invisível. Espíritos e mais espíritos têm escapado dos testes concebidos por aqueles a que eles têm subjugado com as mais monstruosas alegações.

Exemplos de Engano

Esta foi a queda do montanismo[a]: "Não sou anjo nem embaixador", disse o espírito que enganou Montano, o fundador do montanismo, "mas EU, o Senhor Deus, o Pai, estou presente" (Deão Goode, *op. cit.*, p. 109).

Esta foi a queda do irvinganismo: "Nada pode distinguir os espíritos exceto um coração bom e sincero, que discerne entre o bem e o mal", disse Edward Irving[b] (*Life of Edward Irving* [A Vida de Edward Irving], Mrs. Oliphant). "Ninguém jamais testou o espírito que estava em mim", disse o sr. Baxter, profeta do irvinganismo, após ter sido liberto do Enganador (*Narrative of Facts* [Narrativa de Fatos], p. 131).

Esta foi a queda dos espiritualistas[c]. Para Stainton Moses[d], um ex-clérigo, eis o que diziam seus familiares com os quais ele se confraternizou em sessões mediúnicas por mais de trinta anos: "Pregamos um evangelho mais nobre, revelando um deus muito mais divino do que você já havia concebido antes" (*Ensinos Espiritualistas*). Sobre o dr. Monk, um médium famoso, que havia sido no passado um pastor batista, caiu um espírito com poder sobrenatural *enquanto ele pregava*.

Esta foi a queda dos mórmons[e]: "Eu sou Jesus Cristo, o Pai e o Filho", disse o espírito que escreveu o Livro de Mórmon.

Esta foi a queda de Prince, da Igreja do Agapemone[f], que fora, no passado, um clérigo evangélico ardoroso e dedicado. Ele declarou, sob a direção do espírito que o controlava, e a quem erroneamente tomou pelo Espírito Santo: "Em mim, vocês veem Cristo em carne; por mim e em mim Deus redimiu toda carne da morte" (Hepworth Dixson, *Spiritual Wives* [Esposas Espirituais], vol. 1, p. 272).

Esta tem sido também a queda de muitos líderes cristãos modernos. Declarou o Dr. Parker: "Oro à minha esposa todos os dias. Nunca venho para o trabalho sem pedir a ela que venha comigo; e ela realmente vem. Nunca venho a este lugar sem que ela venha comigo" (*Review of Reviews*[g] [Resenha de Resenhas], jan. 1902).

Mais grave ainda é a declaração feita pelo dr. R. J. Campbell[h]:

> Estou consciente da presença de alguém no invisível misterioso, neste momento. Quem é? Sempre acreditei que fosse Jesus. Não é uma abstração vaga, mas um ser definido, vivo e pessoal. Trabalho sob suas ordens. Estou errado em acreditar que seja Jesus? Se assim for, terei sido iludido a fazer muitas coisas, as quais nunca teria sequer tentado de outra forma. Alguém do mundo espiritual está me direcionando. Se não é Jesus, quem será? Para mim, é uma coisa incrível, impossível de se acreditar, que possa ser outra pessoa.
>
> (*Christian Commonwealth* [Nação Cristã], de 30 de novembro de 1910)

O Dom de Discernir os Espíritos

Nenhuma escravidão que se possa imaginar pode ser mais horrível do que a aceitação de espírito maligno tomando-o pelo Espírito de Deus. Talvez nenhum perigo seja mais temível nos últimos dias (Mt 24.24[2]) e, provavelmente, nenhum filho de Deus já tenha acolhido algum espírito enganador sem tê-lo submetido a testes, *mas estes eram seus próprios testes e não os testes de Deus.* Nem mesmo nós nos encontramos na posição de possuidores de algum poder de discernimento infalível dentro de nós. Um único fato é suficiente para desacreditar decisivamente qualquer poder de discernimento *nato* em um discípulo: entre os nove dons do Espírito Santo aparece o dom de "discernimento de espíritos" (1 Co 12.10). Isso quer dizer que nem mesmo os mais agraciados com dons na Igreja, na época dos apóstolos, podiam infalivelmente distinguir um espírito de outro *a menos que possuíssem este dom especial.* Sendo assim, muito menos o podemos nós, destituídos como estamos de todo milagre e inspiração. Na proteção clara e inspirada das Escrituras deve estar nossa única segurança possível; e duvidar, desconsiderar ou negar tal proteção divina, uma vez descoberta, enquanto nos apoiamos em nossos próprios poderes para desmascarar o mais sutil inimigo dos seres humanos, é lançar fora a espada e lutar usando a bainha. Porque o Espírito Santo pode vir sobre um ímpio, como aconteceu a Balaão, e um espírito maligno pode vir sobre um homem santo, pois os profetas, agraciados com o dom de discernir os espíritos, eram instruídos a se assentar lado a lado e fazer a distinção (1 Co 14.29[3]).

---

2 "Surgirão falsos cristos e falsos profetas operando grandes sinais e prodígios para enganar, se possível, os próprios eleitos."

3 "Tratando-se de profetas, falem apenas dois ou três, e os outros julguem."

Os Três Testes

É verdade que existem dois testes gerais, ambos doutrinários (*outro evangelho* [Gl 1.8[4]]; *Jesus veio em carne* [2Jo 7[5]]) e um terceiro que envolve tanto doutrina como vida (Mt 7.15-20[6]). Estes testes aplicados oportunamente são suficientes para desmascarar um demônio. Mas um encontro repentino com um espírito exige um teste decisivo, e este é conclusivamente fornecido em 1 João 4.1-3. (Estes testes substituíram aqueles dados na Lei, como Deuteronômio 13.1-3[7] e Jeremias 28.9[8]. Os testes nos evangelhos e Gálatas são peculiarmente preciosos onde houver suspeita de espíritos malignos, ainda que não haja manifestações sobrenaturais.) Aqui está nossa proteção definitiva. (Vou acrescentar algumas inferências óbvias, entre parênteses, sobre o texto de 1 João 4.1-3 [RC]):

> "**Amados** (os únicos qualificados a fazer o teste [Lc 10.19[9]]), **não creiais em todo espírito** (pois a fé em um espírito pode ser mortal), **mas provai se os espíritos** (porque espíritos tanto do céu quanto do inferno podem se manifestar a qualquer momento) **são de Deus, porque já muitos falsos profetas** (homens realmente inspirados, porém, pelos demônios, os quais são, na

---

4 "Mas, ainda que nós ou mesmo um anjo vindo do céu vos pregue evangelho que vá além do que vos temos pregado, seja anátema."

5 "Muitos enganadores têm saído pelo mundo fora, os quais não confessam Jesus Cristo vindo em carne; assim é o enganador e o anticristo."

6 "Acautelai-vos dos falsos profetas, que se vos apresentam disfarçados em ovelhas, mas por dentro são lobos roubadores. Pelos seus frutos os conhecereis. Colhem-se, porventura, uvas dos espinheiros ou figos dos abrolhos? Assim, toda árvore boa produz bons frutos, porém a árvore má produz frutos maus. Não pode a árvore boa produzir frutos maus, nem a árvore má produzir frutos bons. Toda árvore que não produz bom fruto é cortada e lançada ao fogo. Assim, pois, pelos seus frutos os conhecereis."

7 "Quando profeta ou sonhador se levantar no meio de ti e te anunciar um sinal ou prodígio, e suceder o tal sinal ou prodígio de que te houver falado, e disser: Vamos após outros deuses, que não conheceste, e sirvamo-los, não ouvirás as palavras desse profeta ou sonhador; porquanto o SENHOR, vosso Deus, vos prova, para saber se amais o SENHOR, vosso Deus, de todo o vosso coração e de toda a vossa alma."

8 "O profeta que profetizar paz, só ao cumprir-se a sua palavra, será conhecido como profeta, de fato, enviado do SENHOR."

9 "Eis aí vos dei autoridade para pisardes serpentes e escorpiões e sobre todo o poder do inimigo, e nada, absolutamente, vos causará dano."

verdade, médiuns) **se têm levantado no mundo. Nisto** (como critério dado pelo Senhor) **conhecereis o Espírito de Deus** (de modo que os outros "espíritos" mencionados são também seres pessoais): **todo espírito** (a quem se deve dirigir-se diretamente, deixando de lado a pessoa do profeta [At 16.16-18[10]]) **que confessa** (em resposta ao desafio) **que Jesus Cristo veio em carne** (teste este nunca antes dado e, por isso, nunca antes utilizado) **é de Deus** (é verdade que durante a vida terrena do Senhor Jesus, os demônios confessaram que ele era o Santo de Deus, mas [1] isso não aconteceu como resposta ao teste, ao passo que Deus agora ordena a colocação de um desafio direto para cada espírito que se comunicar; [2] é Jesus como Messias, o Cristo humano, não somente como Filho de Deus, que os poderes invisíveis são chamados a confessar; [3] isso ocorreu antes que estes testes tivessem sido dados à Igreja e, desta forma, presumidamente, antes que uma proibição à evasão tivesse sido estabelecida sobre o mundo invisível, e [4] seja por coação ou sagacidade, é fato comprovado que os espíritos imundos, deste modo, infalivelmente se revelam desde a ressurreição de nosso Senhor); **e todo espírito que não confessa que Jesus Cristo veio em carne** (silenciar-se ou esquivar-se habilmente é tão fatal quanto a negação) **não é de Deus** (é natural que uma alma sincera evite submeter a teste o que possa dar provas de ser o próprio Espírito Santo. Mas a passagem ordena isso e *verdadeiramente nos revela o Espírito depois de Ele ter sido testado*: 'Nisto [depois de aplicado o teste] conhecereis o Espírito de Deus')."

A Segurança do Teste

A importância deste teste é impossível de se exagerar. A Palavra de Deus aqui se responsabiliza pessoalmente pelo resultado: se evasão ou dissimulação por parte dos demônios fosse possível, não somente uma

10 "Aconteceu que, indo nós para o lugar de oração, nos saiu ao encontro uma jovem possessa de espírito adivinhador, a qual, adivinhando, dava grande lucro aos seus senhores. Seguindo a Paulo e a nós, clamava, dizendo: Estes homens são servos do Deus Altíssimo e vos anunciam o caminho da salvação. (...) Paulo, já indignado, voltando-se, disse ao espírito: Em nome de Jesus Cristo, eu te mando: retira-te dela. E ele, na mesma hora, saiu."

resposta do espírito provaria não ser critério, mas a passagem toda se tornaria uma cerca apodrecida às bordas de um precipício, tornando-se mais perigosa para alguém que se debruçasse sobre ela do que se não estivesse lá. É um critério infalível, mas várias condições subentendidas no contexto necessitam observação mais cuidadosa.

(1) As Escrituras não oferecem base, tanto quanto eu esteja informado, para a suposição de que este teste seja eficaz nas mãos de não convertidos. O teste, assim como a invocação do nome de nosso Senhor (Mc 9.39[11]) não é um encantamento mágico que possa ser usado por qualquer um (At 19.13-16[12]), mas uma incumbência solene confiada ao povo de Deus, para proteção do Seu rebanho.

(2) É um teste para o espírito e não para o profeta. Sendo assim, nunca deve ser aplicado, a menos que o sobrenatural esteja obviamente presente; e o espírito deve ser compelido a responder e não o profeta. Estamos lidando com um adversário sutil e inescrupuloso. Assim, em nossos dias, todos os que declaram ter dons sobrenaturais vindos de Deus deveriam responder a duas perguntas:

> a. O espírito foi isolado primeiro entre vocês e depois um "sim" ou "não" foi exigido à pergunta: "Jesus veio em carne?"?
>
> b. Se a resposta for positiva, como foi que vocês isolaram o espírito de forma efetiva, de modo a estarem certos e capazes de assegurar a outros que a resposta veio do espírito e não da pessoa que ele possuía naquele momento?

Sem que estas perguntas sejam apresentadas (perguntas estas nunca respondidas satisfatoriamente entre as seitas espíritas dos nossos dias),

---

11 "Jesus respondeu: Não lho proibais; porque ninguém há que faça milagre em meu nome e, logo a seguir, possa falar mal de mim."

12 "Alguns judeus, exorcistas ambulantes, tentaram invocar o nome do Senhor Jesus sobre possessos de espíritos malignos, dizendo: Esconjuro-vos por Jesus, a quem Paulo prega. Os que faziam isto eram sete filhos de um judeu chamado Ceva, sumo sacerdote. Mas o espírito maligno lhes respondeu: Conheço a Jesus e sei quem é Paulo; mas vós, quem sois? E o possesso do espírito maligno saltou sobre eles, subjugando a todos, e, de tal modo prevaleceu contra eles, que, desnudos e feridos, fugiram daquela casa."

qualquer um que consinta entrar no invisível entra de olhos vendados nos domínios de potestades que ele não sabe discernir. Mais ainda: você que possui o dom, sempre que pronuncia as palavras: "Senhor Jesus" (estas palavras exatamente e não outras [1Co 12.3[13]]) pela capacidade sobrenatural de expressão, elas são pronunciadas em condições que não deixam dúvidas de que ela falou (isto é, a capacidade sobrenatural) e não você? Nenhum caso autêntico de resposta a estes testes, com testemunhos públicos e provas, foi até agora dado à Igreja de Cristo; nenhum caso sem exame pormenorizado também; nada além do que tem ocorrido no pseudoespiritismo ao longo das eras: rumores não comprovados.

(3) O sistema doutrinário e espontâneo de um espírito (como em Atos 16.17) não é critério; um espírito pode ser tão ortodoxo na confissão geral quanto um humano hipócrita. Somente uma confissão em resposta a um desafio direto pode trazer à tona sua real origem. João não diz: "Creiam em todos os espíritos", como se todo o sobrenatural fosse sempre divino; nem disse também: "Não creiam em espírito nenhum", como se as comunicações miraculosas de Deus agora fossem impossíveis; mas disse: "Não creiam em todos os espíritos", porque um espírito, maligno ou não, pode se manifestar a qualquer momento.

Demônios Falam em Línguas

Além disso, o teste comprovadamente funciona. Línguas sobrenaturais irromperam há oitenta anos na família de um clérigo em Gloucestershire; uma emissão de sons sobre-humanos, por meio de um menino de sete anos, que governava a casa como se fosse a voz de Deus. Finalmente, surgiu uma suspeita na mente daquele pastor e o seu superior lhe sugeriu que aplicasse o teste. Naquele momento, o menino gritou: "Não teste os espíritos! Não teste os espíritos!". De modo solene, o espírito cujo protesto foi sabiamente ignorado, foi indagado se Jesus Cristo veio em carne, o que ele prontamente negou. Depois de ser silenciado pelo pastor, o espírito partiu e nunca mais retornou.

---

13 "Por isso, vos faço compreender que ninguém que fala pelo Espírito de Deus afirma: Anátema, Jesus! Por outro lado, ninguém pode dizer: Senhor Jesus!, senão pelo Espírito Santo."

Espíritos Familiares

Outro caso concreto pode ser mencionado. Há alguns anos, em Norwick, um jovem informou a um conhecido meu, muito dedicado ao Senhor, que durante uma sessão espírita ele havia se comunicado com sua avó. "Sua avó, a quem eu conheci muito bem, tinha um caráter adorável e era uma mulher santa", respondeu o velho. "Meu conselho é que você volte e pergunte a ela: 'Jesus Cristo veio em carne?'". Poucos dias depois, o jovem, terrivelmente abalado, retornou dizendo: "A resposta imediata do espírito foi 'NÃO!', seguindo-se de uma torrente de blasfêmias. É um espírito do inferno!".

A Experiência do Autor

Posso acrescentar minha própria experiência. Há mais ou menos vinte anos eu, junto com alguém que hoje é cônego anglicano e outro que é missionário no interior da China e vários formandos, aplicamos o teste em meu alojamento em Cambridge. Foi perguntado ao espírito, depois de se ter certeza de que um espírito estava realmente presente *e de ele ter sido totalmente isolado*: "Você está disposto a se comunicar conosco a respeito da encarnação de Jesus Cristo?". Ele respondeu com um enfático "sim". Perguntamos, então, a ele: "Jesus Cristo veio em carne?", e a resposta foi um "NÃO" ainda mais enfático. A emoção tremenda que senti diante daquela terrível descoberta nunca sairá da minha memória. Portanto, não há necessidade de um bebê em Cristo ser mais enganado do que um crente maduro na fé caso ele faça uma aplicação honesta do teste. Porque o poder revelador reside não no grau de santidade do inquiridor, mas na infalibilidade da Palavra! "Amados (de qualquer idade, maturidade ou circunstância), provem os espíritos."

Jesus é Senhor ou Anátema?

O segundo teste supremo para o sobrenatural aparece no início do tratado de Paulo sobre os dons miraculosos. (Vou acrescentar algumas inferências óbvias entre parentes ao texto de 1 Coríntios 12.1-3.)

"**A respeito dos dons espirituais** (ou "dos inspirados"; a maior parte dos críticos modernos decide a favor do sentido de "homens inspirados" [Godet[14]]. O versículo 3 também determina isso. Além do mais, "os testes *não* se aplicarão a todos os casos de dons espirituais, como, por exemplo, o dom de cura, e outros que eram *dons de ação*, mas apenas aos dons de *palavra* inspirada" [Govett[15]]), **não quero, irmãos, que sejais ignorantes** (pois tal ignorância é perigosa). **Sabeis que, outrora, quando éreis gentios, deixáveis conduzir-vos** (seduzidos por frenesis demoníacos e pelo engano, "perseguidos por um flagelo de demônios malignos" [Justin]) **aos ídolos mudos** (para os quais os demônios conduzem), **segundo** (pois inspirações pitônicas[16] [de espírito de adivinhação] tomam formas variadas) **éreis guiados. Por isso, vos faço** (como uma revelação especial) **compreender** (de maneira a diferenciar sem risco de erro entre o que recebe dom de Deus e o que recebe dom do diabo) **que ninguém que fala pelo Espírito de Deus** (isto é, nenhum homem *inspirado*) **afirma: Anátema, Jesus! Por outro lado, ninguém** (isto é, nenhum homem inspirado) **pode dizer: Senhor Jesus!, senão pelo Espírito Santo** (não 'Cristo' apenas; aqui Paulo diz *Jesus* e não *Cristo*. Sua preocupação é com a Pessoa histórica que viveu na Terra sob o nome de Jesus. É com Ele que toda a inspiração verdadeira está inseparavelmente ligada. É d'Ele que toda inspiração carnal ou diabólica se afasta. Os gnósticos[i] tinham por hábito mandar que aqueles que entravam em suas igrejas *amaldiçoassem a Jesus* [Godet]. A ausência

---

14 **Frédéric Louis Godet**, professor e pastor francês, autor de *Commentary on the Gospel of John*, considerado um dos melhores comentários sobre esse evangelho, além de vários estudos sobre o original grego de livros do Novo Testamento.

15 **Robert Govett** (1813-1901), inglês, ordenado sacerdote anglicano em 1837. Tornou-se pároco de St. Stephen, Norwich, para onde atraía grandes multidões. Confessou que sua consciência era contra o batismo de crianças e, por isso, resignou ao cargo em 1844. Muitos da congregação a deixaram também, fazendo dele seu pastor, e encontravam-se em Victoria Hall, Norwich. Batizou entre 300 e 400 ex-cristãos nominais anglicanos em 1848. Construiu a Capela Surrey, Norwich, com suas próprias posses, em 1854, e ministrou ali por 47 anos até sua morte. Foi sucedido por D. M. Panton. Restaurou verdades concernentes à segunda vinda de Cristo, sobre recompensa ou galardão no tribunal de Cristo e sobre o reino. Escreveu muitos comentários ao Novo Testamento, exposições em Isaías, sobre o sermão do monte e a Nova Jerusalém. Seu livro *Lectures on the Apocalypse* (Palestras sobre Apocalipse) é considerado um clássico dentre os livros cristãos de referência.

16 De pitonisa, sacerdotisa de Apolo, mulher que vive de predizer o futuro; necromante; profetisa (DM).

do termo *Senhor* antes de *Jesus*, marca tão evidente na literatura sobre línguas estranhas e, creio eu, invariável em suas articulações "inspiradas", é muito significativa. "Àquele que me usou", diz, numa carta, um conhecido meu que possui o dom de línguas, "eu conscientemente e voluntariamente me submeti à sua utilização, e ele me revelou Jesus, e glória seja dada a Jesus! Quando penso em Jesus agora, o Filho de Deus que veio em carne, o Espírito fala com força dentro de mim na língua [estranha], louvando a Jesus, Filho de Deus, que veio em carne". Aqui está uma pessoa escrevendo sob o poder de um espírito; todavia, embora nosso Senhor seja frequentemente mencionado, *nunca o é como Senhor*, e o *louvor* dado ao Senhor pelo ser-espírito é totalmente distinto da *confissão* requerida, ficando longe também de ser uma resposta a um desafio direto)."

O Teste É para o Espírito, não para o Profeta

Nenhum dom é mais facilmente imitado por Satanás, ou tem sido mais imitado através dos tempos, do que o mais elementar de todos os dons (1 Co 14.19[17]): o dom de línguas. Somente quando a articulação é evidentemente sobrenatural é que o teste pode ser aplicado de forma correta e eficaz; mas ele é inconfundível e decisivo. Os órgãos da articulação de sons, em um homem inspirado, passaram em parte do seu controle para o espírito controlador (mas, nos casos divinos, apenas parcialmente; isto é, enquanto o espírito era responsável pelo conteúdo, o profeta era responsável pela ocasião e duração da declaração, pois o espírito do profeta está sujeito ao próprio profeta [1Co 14.32]. Um profeta devia parar, e podia, caso uma revelação repentina fosse dada a outro profeta [v. 30]. A impossibilidade de se verificar o que diz o profeta é sempre um sintoma da inspiração satânica). Portanto, nenhum homem (esta é a revelação de Deus), desde que um poder sobrenatural esteja operando através dele, controlando seus órgãos de expressão, pode dizer "Jesus é anátema" se for o Espírito Santo, nem pode dizer "Senhor Jesus" se for um espírito maligno. Repetindo: o espírito é que deve ser testado, não o homem.

---

17 O autor o chama de elementar por estar no final da lista dos dons mencionados por Paulo.

Mas um problema prático, infinitamente importante, permanece. O que faremos se o sobrenatural nos vier em uma forma que não possa ser testado, como, por exemplo, numa "língua" que terá o cuidado de não responder em nossa própria língua? "O teste de 1 João 4", alguém que fala línguas me escreveu, "nunca poderia ser aplicado a mim, pois quando o poder sobrenatural está sobre mim, as expressões sempre são numa língua estranha; e isso é uma experiência constante".

Um coração devotado à Palavra de Deus só pode ter uma resposta: nenhum cristão tem qualquer direito de receber o sobrenatural ou um espírito de outro mundo se não fizer a aplicação destes testes de Deus, de modo solene e eficaz. O perigo crítico jaz aqui: um espírito enganador se apresenta num disfarce que *não pode* ser testado e, desse modo, persuade o recipiente a aceitar esse arranjo e fazer a suposição horrivelmente tenebrosa de que o espírito é o Espírito Santo. Mas o próprio Espírito nos *deu* os testes; sendo assim, Ele não se ofenderá com sua aplicação respeitosa. É ordem d'Ele que tais testes sejam aplicados. Quando Ele vem ou, então, um (...) anjo com Sua permissão vem, Ele indicará Seus próprios testes. *Por isso, um espírito que os evita procede do abismo.* Um espírito não testado deve ser afastado e banido a qualquer custo.

O Pecado Imperdoável

Como disse o sr. G. H. Pember[18],

---

18 **George Hawkins Pember** (1837-1910) foi contemporâneo de Robert Govett, G. H. Lang e D. M. Panton, os quais compartilharam bastante dos mesmos princípios de interpretação da Bíblia, trabalhando como uma espécie de "equipe". Sua percepção espiritual e da Bíblia estava muito adiante de sua época. Pember foi um aluno condecorado com honra por seu estudo dos livros clássicos na Universidade Gonville and Gaius, em Cambridge, Inglaterra, antes de se converter ao Senhor. Após crer no Senhor, usou seu conhecimento para glorificá-lO e para beneficiar a Igreja, do que o livro *As Eras Mais Primitivas da Terra* (sua mais conhecida obra, considerada um clássico cristão, publicadapor esta editora) é um claro testemunho. Em Pember encontrou-se o raro equilíbrio entre piedade e erudição. Um exemplo disso: quando alguém lhe pediu uma foto, ele respondeu que havia evitado deixar qualquer foto sua, pois não queria que ninguém contemplasse o rosto do pecador, mas apenas do Salvador (NT).

> é de suma importância que o pleno significado dessa declaração (1 Co 12.1-3) seja entendido pelos crentes dos nossos dias. Porque novamente as manifestações demoníacas estão se multiplicando entre nós, e isso com uma sutileza suficiente para enganar qualquer um que negligencie a aplicação dos testes prescritos.

A falha ou a recusa obstinada em usar os testes de forma cuidadosa e solene pode, em si mesma, ser nada mais do que um ardil, um ataque maligno do Príncipe das Trevas. A recusa em fazê-lo aparece já no início do segundo século: "E a todo profeta que fala no Espírito", diz o Didaquê[j], "não deveis testar ou provar; pois todo pecado será perdoado, mas este não será perdoado". Exatamente do mesmo modo, mil e oitocentos anos mais tarde, foi declarado pela sra. Woodworth Etter[k]:

> Constitui pecado imperdoável atribuir deliberadamente qualquer uma das obras maravilhosas do Espírito Santo ao diabo. Nunca houve, desde o tempo das igrejas primitivas, tanto perigo de as pessoas cometerem o pecado imperdoável como há hoje, desde que o fogo pentecostal envolveu a Terra.
>
> (*Signs and Wonder* [Sinais e Maravilhas], p. 138)

Confundir os milagres de Deus, realizados através de um ser humano em qualquer época ou nação, com milagres de Satanás seria verdadeiramente uma tragédia, mas imaginar que este fosse o pecado para o qual não haverá perdão é totalmente errôneo e, usado como a sra. Woodworth Etter o faz, é uma coação da pior espécie. Porque atribuir a Satanás os milagres operados por nosso Senhor, e por Ele somente, evidenciados por Seu caráter imaculado e Sua vida perfeita, é o que constitui a blasfêmia imperdoável: "Porque eles disseram: ele tem um espírito imundo" (Mc 3.30). Não há provas, tanto quanto eu conheça, de que a blasfêmia imperdoável tenha sido cometida, desde que nosso Senhor a expôs nos lábios dos fariseus daquela época.

"Eu louvo a Deus", diz um líder do movimento de línguas estranhas na Inglaterra, "porque o Espírito que havia em nós não necessita ser isolado nem questionado para evidenciar aquele fato (que Jesus veio em carne)". Esta é uma negação macabra! Um manifesto coletivo de um grupo de pastores da Alemanha declarou o seguinte em 1908:

> Declaramos o grave fato de que no recente movimento de línguas em Cassel e outros lugares, cristãos conhecidos receberam dom de profecia e línguas que não eram do Espírito Santo. Devemos confessar que falhamos numa medida altamente deplorável, porque não fizemos uso do teste "provai os espíritos", conforme o mandamento da Palavra de Deus. Aceitamos sobre nós a culpa e a censura por causa dessa deficiência, como também nas esferas mais amplas da Igreja cristã.

Por causa dessa culpável, inexplicável e única negligência, surgiram o montanismo, os camisards[1], o irvinganismo, o espiritualismo e o moderno movimento de línguas. Dessa mesma negligência deverá surgir a grande apostasia![19]

> "Ora, o Espírito afirma expressamente que, nos últimos tempos, alguns apostatarão da fé, por obedecerem a espíritos enganadores e a ensinos de demônios" (1 Tm 4.1).
>
> "Amados, (...) provai os espíritos" (1 Jo 4.1).
>
> "Não desprezeis as profecias; julgai todas as coisas" (1 Ts 5.20-21a).

19 **Observação importante:** Os responsáveis por esta publicação não têm como alvo combater qualquer dom do Espírito Santo. A questão é levantada por causa da "ausência" da aplicação do teste dado pelo Senhor à Sua Igreja, no tocante às manifestações sobrenaturais.

Carta de Margareth Barber

(Publicada na revista *The Dawn*, II, 1925-1926, 285)

Caro Sr.,

Seu válido artigo "Testes para o Sobrenatural", na *Dawn* de maio, nos interessou profundamente. Aqui na China, os poderes demoníacos estão se manifestando de novas maneiras; e até mesmo nas igrejas tem havido casos de espíritos malignos pretendendo ser Jesus Cristo.

Um caso pode ser de interesse. No último outono, próximo a Amoy, na casa de um pregador, certa noite, uma voz foi ouvida no teto e uma luz apareceu. A voz dizia ser a do pregador que tinha vivido naquela casa anteriormente, e que tinha morrido havia vinte anos. Logo se tornou sabido por todos os cantos do país que o velho pastor estava falando do telhado de sua antiga casa a qualquer que fosse e ouvisse, e multidões afluíam dia após dia. Os discursos eram extraordinários: cheios das Escrituras; exortações para viver uma vida santa eram frequentes; e pessoas de caráter maligno não se atreviam a ir, pois eles nem mesmo teriam sentado e a voz teria se dirigido a eles pelo nome, e falado que se arrependessem de seus pecados. Na maioria dos casos, pecados conhecidos somente pela pessoa e pelo espírito que a ela se dirigia eram revelados. Há um homem bem conhecido em Amoy, um médico chinês treinado na América, e um cristão genuíno. Seus honorários eram bastante altos; e para sua surpresa, quando ele entrou na casa, o espírito disse para ele que se arrependesse do pecado de avareza e ordenou que reduzisse seus honorários. Tão grande foi o efeito sobre ele que ele agora trata pacientes pobres sem cobrar nada e tem o caráter transformado em vários aspectos.

Um irmão que prega o evangelho no distrito de Amoy veio me ver e perguntou-me se eu não cria que esse espírito era realmente a voz de Deus. Ele disse: "Dificilmente, alguém em Amoy duvida disso; apesar de uns poucos missionários talvez serem um pouco céticos". Eu falei a ele sobre testar os espíritos e aconselhei-o a usar o teste de 1 João 4.2. O espírito nunca se torna visível, mas geralmente uma brilhante luz é vista pairando sobre a casa.

Finalmente, o teste foi aplicado por um obreiro que conhecemos e em quem confiamos. Depois de aplicar o teste, houve silêncio por cerca de meia hora; então a voz disse: "Leia 1 Coríntios 13.13[20]". Como você diz no artigo, o "não confessar" é prova suficiente da origem da manifestação. Muitos cristãos chineses têm sido completamente enganados; eles bem conhecem o aspecto sobrenatural da idolatria, mas nunca entrou na cabeça deles que um demônio poderia se manifestar em uma igreja cristã, usar termos bíblicos, exortar à bondade em vez do mal e pressionar à leitura da Bíblia.

Eu sou

Margareth Barber[21]

Pagoda Anchorage

Fukien, China

---

20 "Agora, pois, permanecem a fé, a esperança e o amor, estes três; porém o maior destes é o amor."

21 Confira sua pequena biografia no capítulo dois desta obra.

Sobre o Autor

David Morrison Panton (1870-1955), autor, pastor, editor, investigador da Bíblia. Nasceu na Jamaica, onde seu pai, um missionário da Igreja da Inglaterra, foi o primeiro arcediago. Seu tio era arcebispo das Índias Orientais. Estudou direito no Gaius College, Cambridge. Foi instruído por um homem piedoso, Labarestier, que lhe falou sobre o reino vindouro, sobre a glória de Cristo, sobre as exigências para participar do reino de Cristo. Desistiu do exercício do direito e ocupou-se completamente com essas verdades e outras relacionadas à responsabilidade de cada cristão e ao seu prestar contas, por seu mordomado, diante do tribunal de seu Senhor. Sucedeu Govett como pastor da Surrey Chapel, Norwich, a partir de 1901. Começou a revista *The Dawn* (O Amanhecer) em 1924 e continuou editando-a até sua morte. Entre seus escritos estão *The Judgment Seat of Christ* (O Trono de Julgamento de Cristo).

Notas

a **Montanismo**: Heresia surgida em 155 como uma tentativa da parte de Montano em resolver os problemas de formalismo na Igreja e a dependência dela da liderança humana quando deveria depender do Espírito Santo. Montano, natural da Frígia, convertido havia pouco tempo do culto a Cibele para a fé cristã, passou a considerar-se como ministro do Espírito Santo, de quem dizia receber visões e revelações, através de quem o Espírito falava à Igreja do mesmo modo que falara por meio de Paulo e dos outros apóstolos. Cria que o reino celestial de Cristo seria instaurado brevemente em Pepuza, na Frígia, e que nele teria um papel proeminente. Para que estivessem preparados para aquele acontecimento, ele e seus seguidores praticavam um rigoroso ascetismo: não se permitia novo casamento se um dos cônjuges morresse, muitos jejuns deviam ser feitos e a alimentação devia ser frugal. Durante esse tempo de espera, os cristãos não poderiam cair em nenhum pecado, pois depois do batismo, segundo Montano, nenhuma culpa podia ser perdoada. Era, portanto, um movimento espiritual de reforma moral. Em torno dele começou a formar-se um pequeno grupo de fiéis; duas mulheres, Maximila e Prisca, que se autodenominavam profetisas, abandonaram o marido e se entregaram ao serviço do asceta frígio. Pouco depois, o pequeno grupo começou a crescer e se estendeu até a Ásia, de onde se espalhou para o Ocidente. O Concílio de Constantinopla, em 381, declarou que os montanistas deviam ser olhados como pagãos. No entanto, Tertuliano, um dos maiores Pais da Igreja, atendeu aos apelos do grupo e tornou-se montanista. O montanismo extinguiu-se na primeira metade do século III. De acordo com Earle E. Cairns, "o montanismo representou o protesto perene suscitado dentro da Igreja quando se aumenta a força da instituição e se diminui a dependência do Espírito de Deus. Infelizmente, estes movimentos geralmente se afastam da Bíblia, entusiasmados que ficam pela reforma que desejam. O movimento montanista foi e é aviso que a Igreja não esqueça que a organização e a doutrina não podem ser separadas da satisfação do lado emocional da natureza do homem e do anseio humano por um contato espiritual imediato com Deus" (Earle E. Cairns, *O Cristianismo através dos Séculos*, Edições Vida Nova, 1988, p. 82-83; OF).

b **Edward Irving**: Em 1831 Edward Irving tornou-se pastor presbiteriano da Igreja da Escócia em Regent Square, Londres, Inglaterra. Foi um pregador famoso, defensor da volta iminente de Cristo. Após ouvir que a oeste da Escócia o esquecido dom de línguas estava voltando, começou a ensinar aos seus paroquianos que deveriam buscar o Espírito Santo. Pouco depois, estranhos fenômenos (línguas estranhas, manifestações sobrenaturais acompanhadas por curas miraculosas e outros sinais) também irromperam em Regent Square. Passaram a ocorrer gritos e ruídos sobrenaturais, possessões, mas também curas e profecias, atraindo multidões e desagradando os conservadores. Por causa da fé bíblica e porque as manifestações ocorriam em momentos inoportunos, sem nenhum controle, os "oradores" tomados por aquelas forças começaram a achar seus próprios discursos diabólicos e heréticos, pois o que diziam diferia de suas convicções espirituais. De acordo com estudiosos espíritas, "no fenômeno das vozes da igreja do pastor Edward Irving, verificam-se inequívocos sinais de verdadeira força psíquica atuante, filtrada e distorcida pela estreiteza teológica e sectária dos médiuns envolvidos". Como resultado do que ocorreu, na primavera de 1832, Irving e pouco mais da metade de sua congregação saíram e formaram sua própria congregação e denominação: a Igreja Apostólica Católica. Ele morreu em 1834. Irving ensinou que a natureza humana era má, e que Jesus assumiu essa natureza na concepção e, por meio de Seu poder divino (confirmado por Sua vida santa), Ele fez Sua própria natureza humana santa. Segundo alguns autores espíritas, o que ocorreu em Regent Square foi a "eclosão psíquica que seria encadeada uma década mais tarde".

c **Espiritualistas**: Um movimento religioso que pleiteava caráter científico, que surgiu nos EUA no século 19, enfatizando basicamente a crença na vida após a morte, sem, contudo, defender a doutrina da reencarnação. O espiritualismo defende o contínuo existir da pessoa após a morte por intermédio de um novo nascimento, que se dá num corpo espiritual, em escala sempre evolutiva (não num corpo físico, como ensinam os espíritas), e a comunicação com o mundo dos mortos. Por suas ligações com tradições religiosas antiquíssimas, o espiritualismo não era nenhuma novidade, mas passou a ser apresentado como ciência. Um de seus seguidores foi Allan Kardec, fundador do espiritismo (DR).

d **Rev. William Stainton Moses** (1839-1892), inglês. Foi clérigo anglicano até 1869, sendo admirado por sua profunda dedicação aos que estavam sob seu cuidado. Em 1870 começou a conversar com seu médico, Dr. Speer, que, como Moses, estava afastando-se da ortodoxia cristã e insatisfeito com suas doutrinas. O espiritismo, então, começou a ser considerado. Moses o considerava uma fraude, mas por causa da esposa de Speer, começou a ler um livro espírita, em 1872, para avaliá-lo, e, no mesmo ano, já atuava como médium, por meio de quem inúmeras manifestações sobrenaturais ocorriam. Nessa época, Moses soube que seu "guia espiritual" o vinha preparando havia muito tempo para isso. Contribuiu para a fundação de várias associações e sociedades espiritualistas na Inglaterra, além de dirigir uma revista espírita. É considerado pelos espíritas um de seus importantes vultos.

e A **Igreja Mórmon** foi fundada por Joseph Smith (1805-1844) em 1830. Criado em um ambiente de extrema mistura entre fé cristã, superstições e ideias religiosas extravagantes, Smith, em uma versão, diz ter tido uma visão com dois personagens (em outra ocasião, ele disse haver um único visitante), um indicando o outro como seu filho amado, a quem Smith deveria ouvir. Esses personagens teriam-no proibido de unir-se a qualquer "seita" cristã. Posteriormente, os personagens foram identificados como Néfi e Morôni. Em 1823 Morôni apresentou-se a Smith como um mensageiro enviado por Deus para dizer-lhe que havia em certo lugar um livro escrito em placas de ouro, no qual a história dos primeiros habitantes dos Estados Unidos e a plenitude do evangelho estavam registradas. Além disso, havia junto com o texto as pedras Urim e Tumim, que haviam sido preparadas por Deus para capacitar Smith a traduzir as placas para o inglês. O resultado desse trabalho é o *Livro de Mórmon*, livro sagrado da seita, considerado como palavra de Deus (DR).

f Em 1859 o **Rev. Henry James Prince** (1811-1899), ex-clérigo anglicano, e Samuel Starky fundaram uma comunidade religiosa conhecida como Agapemone (grego, "domicílio do amor") na Inglaterra. Ali, homens e mulheres viviam juntos, tendo todos os bens em comum, e o amor livre era praticado. Prince e Starky haviam abandonado a Igreja Anglicana depois que Prince reivindicou que o Espírito Santo fixara residência no corpo dele. Logo após a inauguração do Agapemone, falava-se sobre orgias com bebidas, licenciosidade sexual e trocas de casais lá praticadas. Ele dizia que as relações sexuais dentro de sua comunidade eram absolutamente inocentes; ensinava a perfeição sem pecado, o conceito de que pela graça de Deus o crente é mantido sem pecar. Um ex-clérigo anglicano, o rev. T. H. Smyth-Piggott (em 1909 foi declarado culpado de imoralidade, impureza e perversidade de vida), que acreditava ser Jesus reencarnado, ao saber da morte de Prince, anunciou ser o verdadeiro sucessor dele e mudou-se para Agapemone. Ele sucedeu Prince como líder da seita, que logo desapareceu.

g Review of Reviews [Resenha de Resenhas]: Revista fundada por W. T. Stead em 1890 e publicada até 1953. William Thomas Stead (1849-1912) era filho de um pastor congregacionalista. Com 22 anos, tornou-se o mais jovem editor de jornais da Inglaterra. Envolveu-se em assuntos políticos, direitos humanos, denúncias de escravidão e prostituição. Em 1890 fundou *The Review of Reviews*, que editou até sua morte no Titanic, em abril de 1912. Escreveu obras de ficção, numa das quais "predisse", 30 anos antes, o naufrágio do

Titanic. Em 1881 abraçou o espiritismo, do qual se tornou grande divulgador e investigador (ele disse que se tornaria o apóstolo Paulo do espiritismo). Dizia ter o dom de fotografar seres invisíveis e de psicografar.

h **Reginald John Campbell** (1867-1956), sacerdote anglicano e autor de alguns romances sobrenaturais e de fantasmas.

i **Os gnósticos** (do grego *gnosis*, conhecimento) defendiam a posse de conhecimentos secretos que os tornavam superiores ao cristão comum, que não tinha o mesmo privilégio. O movimento surgiu a partir das filosofias pagãs anteriores ao cristianismo que floresciam na Babilônia, Egito, Síria e Grécia. Misturando filosofia pagã com elementos de astrologia e mistérios das religiões gregas com as doutrinas apostólicas da fé cristã, o gnosticismo tornou-se uma perigosa influência na Igreja. As últimas cartas do Novo Testamento indicam que uma forma incipiente surgira ainda no tempo dos apóstolos. A premissa básica do gnosticismo é uma cosmovisão dualista: o Supremo Deus Pai emanava do mundo espiritual "bom". A partir dele procediam sucessivos seres finitos (éons), quando um deles (Sofia) deu à luz a Demiurgo (Deus-criador), que criou o mundo material "mau". Marcião (m. 160 d.C.), um cristão gnóstico, ensinava que a salvação vem por meio de um desses éons, Cristo, que se esgueirou através dos poderes das trevas para transmitir o conhecimento secreto (gnosis) e libertar os espíritos da luz, cativos no mundo material terreno, para conduzi-los ao mundo espiritual mais elevado. Cristo, embora parecesse ser um homem, nunca assumiu um corpo; portanto, não foi sujeito às fraquezas e emoções humanas (DR).

j "O pequeno livro Didaquê (Ensino dos 12 Apóstolos) ficou conhecido em 1875 quando um homem chamado Briyennios o descobriu numa biblioteca eclesiástica de Constantinopla, publicando-o em 1883. Este manual de instrução eclesiástica foi elaborado possivelmente em meados do segundo século na forma em que chegou até nós. Muitos estudiosos, porém, propõem uma data anterior, ao final do primeiro século, em face de suas semelhanças com as práticas do Novo Testamento. (...) A primeira seção (...) é uma discussão dos Caminhos da Vida e da Morte (caps. 1-6) (...) O Autor discute a seguir alguns problemas litúrgicos como o batismo, o jejum e a ceia (7-10). O corpo da terceira seção (11-15) é formado de instruções sobre como distinguir os falsos profetas dos verdadeiros, e encontrar oficiais dignos, além de outros assuntos. (...) A necessidade de uma vida decente e coerente diante da vinda do Senhor forma o corpo do último capítulo" (Cairns, *op. cit.*).

k **Maria B. Woodworth-Etter** (1844-1924) foi a precursora do movimento pentecostal, que começou mais de 20 anos depois do início do ministério dela, em 1876. Ela era membro da Igreja dos Irmãos Unidos. Depois, uniu-se à Igreja Metodista de Santidade e auxiliava como evangelista itinerante, com uma ênfase no que viria a ser chamado de "evangelho quadrangular": Jesus salva, cura, batiza no Espírito Santo e voltará em breve como Rei. As reuniões dela eram cheias de fenômenos sobrenaturais: pessoas caindo, falando e cantando em línguas alegadamente sob o poder do Espírito, além de transe, visões e abundantes milagres de cura. Milhares se converteram como resultado de seu ministério. Muitos equiparam o livro de Etter à Bíblia em importância. Apesar da perigosa declaração dela mencionada pelo sr. Panton, são dignas de nota também outras afirmações de Etter: "Às vezes, nós sabemos que não é Deus, mas queremos ter nosso próprio modo. Se nós temos o Espírito Santo, podemos provar os espíritos, porque tudo o que o Espírito Santo faz é confirmado pela Palavra. Nós não queremos confiar em línguas e interpretações. Você tem de medir todas as coisas pela Palavra. Nós temos de medir [o dom de] línguas e as manifestações pela Palavra, e se elas não concordarem com a Palavra, não devemos aceitá-las. (...) Estas coisas [a aceitação de obras do diabo como se fossem de Deus] feriram o movimento pentecostal. Deus está nele, mas o diabo também está. (...) O diabo usa as línguas [estranhas] geralmente para transtornar as coisas; o diabo pode falar em línguas, e sua carne também pode. No movimento pentecostal, em alguns lugares, eles descartaram a Palavra de Deus. (...) Tenha cuidado com quem impõe as mãos em você, pois o diabo é o falsificador da obra de Deus. (...) Algumas pessoas atribuem todo tipo de coisas tolas [que são feitas nas reuniões pentecostais] ao Espírito Santo" (OF, citações de Etter traduzidas de *Life and Work of Mrs. M.B. Woodworth-Etter* [Vida e Obra da Sra. M. B. Woodworth-Etter], Capítulo 61: *Try the Spirits* [Provar os Espíritos], p. 489-493).

1 **Camisards**: Camponeses protestantes da região de Cévennes, França, que, em 1702, se rebelaram contra a perseguição que se seguiu à revogação, pelo rei Luís XIV, em 1685, do Edito de Nantes. Esse edito dava direitos civis básicos para os huguenotes (os protestantes franceses, que seguiam os ensinamentos de João Calvino) num país católico. Com isso, muitos huguenotes fugiram da França, enquanto houve também grupos que ofereceram uma resistência ativa, como os camisards. (O nome deste grupo deriva-se, provavelmente, das camisas que eles usavam em seus ataques noturnos.) Liderados pelos jovens Jean Cavalier e Roland Laporte, homens assim chamados "profetas" ou "inspirados", que reivindicavam revelações dadas pelo Espírito Santo para pegarem em armas e atacar os inimigos. Esses huguenotes carismáticos chamavam-se de "os filhos de Deus".